Peter Bühler
Patrick Schlaich
Dominik Sinner

Webdesign

Interfacedesign – Screendesign – Mobiles Webdesign

Peter Bühler
Affalterbach, Deutschland

Dominik Sinner
Konstanz-Dettingen, Deutschland

Patrick Schlaich
Kippenheim, Deutschland

ISSN 2520-1050   ISSN 2520-1069 (electronic)
Bibliothek der Mediengestaltung
ISBN 978-3-662-53917-0   ISBN 978-3-662-53918-7 (eBook)
DOI 10.1007/978-3-662-53918-7

Die Deutsche Nationalbibliothek verzeichnet diese Publikation in der Deutschen Nationalbibliografie; detaillierte
bibliografische Daten sind im Internet über http://dnb.d-nb.de abrufbar.

Springer Vieweg
© Springer-Verlag GmbH Deutschland 2017

Gedruckt auf säurefreiem und chlorfrei gebleichtem Papier

Springer Vieweg ist Teil von Springer Nature
Die eingetragene Gesellschaft ist Springer-Verlag GmbH Deutschland
Die Anschrift der Gesellschaft ist: Heidelberger Platz 3, 14197 Berlin, Germany

The Next Level – aus dem Kompendium der Mediengestaltung wird die Bibliothek der Mediengestaltung.

Im Jahr 2000 ist das „Kompendium der Mediengestaltung" in der ersten Auflage erschienen. Im Laufe der Jahre stieg die Seitenzahl von anfänglich 900 auf 2700 Seiten an, so dass aus dem zunächst einbändigen Werk in der 6. Auflage vier Bände wurden. Diese Aufteilung wurde von Ihnen, liebe Leserinnen und Leser, sehr begrüßt, denn schmale Bände bieten eine Reihe von Vorteilen. Sie sind erstens leicht und kompakt und können damit viel besser in der Schule oder Hochschule eingesetzt werden. Zweitens wird durch die Aufteilung auf mehrere Bände die Aktualisierung eines Themas wesentlich einfacher, weil nicht immer das Gesamtwerk überarbeitet werden muss. Auf Veränderungen in der Medienbranche können wir somit schneller und flexibler reagieren. Und drittens lassen sich die schmalen Bände günstiger produzieren, so dass alle, die das Gesamtwerk nicht benötigen, auch einzelne Themenbände erwerben können. Deshalb haben wir das Kompendium modularisiert und in eine Bibliothek der Mediengestaltung mit 26 Bänden aufgeteilt. So entstehen schlanke Bände, die direkt im Unterricht eingesetzt oder zum Selbststudium genutzt werden können.

Bei der Auswahl und Aufteilung der Themen haben wir uns – wie beim Kompendium auch – an den Rahmenplänen, Studienordnungen und Prüfungsanforderungen der Ausbildungs- und Studiengänge der Mediengestaltung orientiert. Eine Übersicht über die 26 Bände der Bibliothek der Mediengestaltung finden Sie auf der rechten Seite. Wie Sie sehen, ist jedem Band eine Leitfarbe zugeordnet, so dass Sie bereits am Umschlag erkennen, welchen Band Sie in der Hand halten. Die Bibliothek der Mediengestaltung richtet sich an alle, die eine Ausbildung oder ein Studium im Bereich der Digital- und Printmedien absolvieren oder die bereits in dieser Branche tätig sind und sich fortbilden möchten. Weiterhin richtet sich die Bibliothek der Mediengestaltung auch an alle, die sich in ihrer Freizeit mit der professionellen Gestaltung und Produktion digitaler oder gedruckter Medien beschäftigen. Zur Vertiefung oder Prüfungsvorbereitung enthält jeder Band zahlreiche Übungsaufgaben mit ausführlichen Lösungen. Zur gezielten Suche finden Sie im Anhang ein Stichwortverzeichnis.

Ein herzliches Dankeschön geht an Herrn Engesser und sein Team des Verlags Springer Vieweg für die Unterstützung und Begleitung dieses großen Projekts. Wir bedanken uns bei unserem Kollegen Joachim Böhringer, der nun im wohlverdienten Ruhestand ist, für die vielen Jahre der tollen Zusammenarbeit. Ein großes Dankeschön gebührt aber auch Ihnen, unseren Leserinnen und Lesern, die uns in den vergangenen fünfzehn Jahren immer wieder auf Fehler hingewiesen und Tipps zur weiteren Verbesserung des Kompendiums gegeben haben.

Wir sind uns sicher, dass die Bibliothek der Mediengestaltung eine zeitgemäße Fortsetzung des Kompendiums darstellt. Ihnen, unseren Leserinnen und Lesern, wünschen wir ein gutes Gelingen Ihrer Ausbildung, Ihrer Weiterbildung oder Ihres Studiums der Mediengestaltung und nicht zuletzt viel Spaß bei der Lektüre.

Heidelberg, im Frühjahr 2017
Peter Bühler
Patrick Schlaich
Dominik Sinner

Bibliothek der Medien-gestaltung
Titel und
Erscheinungsjahr

VII

3   Screendesign   46

4   Anhang   88

1.1 Standortbestimmung

1.1.1 Was heißt Webdesign?

Webdesign heißt wörtlich: Design für das Web. Beide Begriffe, Web und Design, sind jedoch nicht klar definiert.

Mit *Web* ist das World Wide Web (kurz: WWW) gemeint. Es handelt sich dabei nicht um das Internet, sondern um einen Internetdienst, mit dem sich (multi-)mediale Inhalte (Texte, Bilder, Sound, Video,...) auf Basis der Seitenbeschreibungssprachen HTML5 und CSS3 im Internet veröffentlichen lassen. Im Vergleich zu Printmedien gibt es drei wesentliche Unterschiede:

- Webseiten sind *verlinkt* – sie lassen sich in beliebiger Weise (nichtlinear) mit anderen Webinhalten verknüpfen.
- Webseiten sind *multimedial* – sie können Ton, Videos und Animationen enthalten.
- Webseiten sind *interaktiv* – sie ermöglichen den Nutzern, z. B. über Formulare, mit dem Anbieter in Dialog zu treten.

Auch der zweite Begriff, *Design*, ist nicht eindeutig definiert. Da es keine geschützte Berufsbezeichnung ist, darf sich im Prinzip jeder Designer nennen. Unter Webdesign verstehen wir die *Konzeption und Gestaltung von Webapplikationen.* Dabei handelt es sich längst nicht mehr ausschließlich um Webseiten, auch Software gelangt in Form von Apps mehr und mehr ins Internet, v. a. durch die massive Verbreitung von mobilen Endgeräten wie Smartphones und Tablets.

Mit den sich ändernden Technologien unterliegt deshalb auch das Berufsbild des Webdesigners einem ständigen Wandel. Eine intensive Zusammenarbeit mit denjenigen, die sich um die technische Realisation kümmern, ist entscheidend für erfolgreiche Projekte. Webdesigner müssen keine Programmierer sein, aber sie müssen mit ihnen kommunizieren können. Denn im Unterschied zum Printbereich besteht bei Digitalmedien eine enge Verzahnung von Design und Technologie: Die designerische Idee muss mit vertretbarem Aufwand technisch umsetzbar sein. Es dürfte kein zweites Gebiet geben, das sich so dynamisch und rasant verändert wie das Internet. Das Internet nimmt in unserem beruflichen wie privaten Leben einen immer größeren Stellenwert ein.

Für Webdesigner und -entwickler ist dies Fluch und Segen zugleich: Fluch, weil es immer schwerer fällt, mit den ständigen Veränderungen Schritt zu halten. Was heute ein Hype ist, kann morgen schon wieder out sein. Was wir vor drei Jahren in der letzten Auflage des Kompendiums geschrieben haben, ist teilweise überholt. Was wir vor fünfzehn Jahren in der ersten Auflage geschrieben haben, ist Geschichte.

Andererseits bieten die ständigen Veränderungen aber auch ein riesiges Potenzial: Ein Beleg hierfür ist die große Anzahl an Start-up-Unternehmen, die mit einer neuen Geschäftsidee auf den Durchbruch hoffen.

1.1.2 Web im Wandel

Wie oben erwähnt unterliegt das Web und damit zwangsläufig auch der Beruf des Webdesigners einem ständigen Wandel. Im Folgenden fassen wir die wichtigsten Veränderungen der letzten Jahre zusammen:

Mobiles Web
Mit der Einführung des iPhones im Jahr 2007 begann der Siegeszug der Smartphones und des mobilen Internets. Es ist dem genialen Visionär *Steve Jobs* von Apple zu verdanken, dass alle heu-

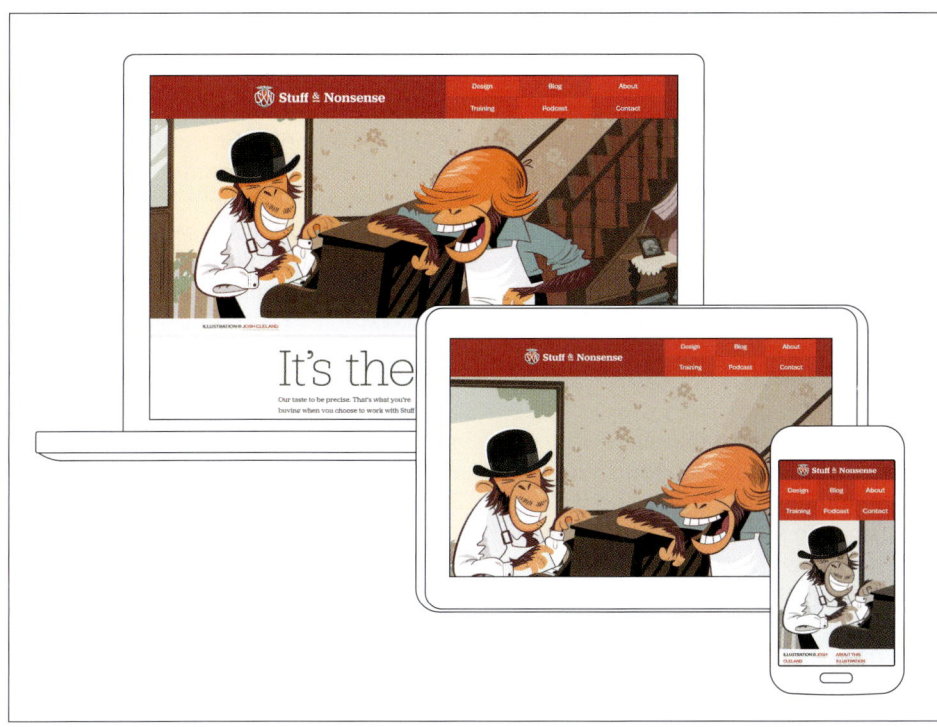

**Responsive Web-
design**

Heutige Webseiten
müssen sich an das
Display des Endgeräts
anpassen, auf dem sie
betrachtet werden.
   Das Beispiel zeigt,
wie sich sowohl die
Navigation als auch
das Bild in Abhängig-
keit vom Ausgabege-
rät verändern.

Quelle: https://stuff-
andnonsense.co.uk/

tigen Smartphones, dem Apple-Vorbild folgend, Touchscreens besitzen, auf Tasten verzichten und mit dem Finger oder per Sprache bedienbar sind.

Nach den Smartphones ist mit den Tablets eine weitere Gerätekategorie zwischen Handy und Desktop-PC entstanden. Mittlerweile hat man erkannt, dass, z. B. für die Eingabe längerer Texte, eine „echte" Tastatur doch ganz sinnvoll ist. Deshalb findet man heute Kombigeräte zwischen Tablet und Laptop, die sich wahlweise mit dem Finger oder Tastatur/Maus bedienen lassen.

Ein Ende ist nicht absehbar: Heute spricht man vom *Internet der Dinge* und meint damit, dass Internet bzw. World Wide Web in nahezu jedem Gegenstand möglich sind, z. B. im Auto, Fernseher, in der Uhr, Brille oder Kleidung. Zukünftig wird das Web vermutlich auch kom-plett ohne Hardware auskommen, mit virtuellen Tastaturen und Displays, die auf eine beliebige Oberfläche projiziert werden können.

Responsive Web

Die Vielzahl neuer Geräte stellt eine Herausforderung für Webdesigner und -entwickler dar, da eine Webseite natürlich möglichst auf allen Geräten optisch ansprechend und gut lesbar dargestellt werden sollte.

State of the Art ist heute sogenanntes *Responsive Webdesign*. In diesem Begriff steckt das englische Wort *response* (dt.: Antwort, Reaktion). Gemeint ist hiermit eine Reaktion auf das jeweilige Endgerät, d. h., dass sich Layout und Inhalt der Webanwendung automatisch an das Display des Endgeräts anpassen (siehe Seite 50).

Social Web

Das World Wide Web hat sich in den vergangenen zehn Jahren vom Nur-Lese-Web zum Mitmach-Web entwickelt. An Facebook und Twitter kommt heute kein Unternehmen, keine Institution und auch keine politische Partei vorbei. Ob dies morgen auch so sein wird, weiß niemand – kennen Sie noch studiVZ? MySpace?

Semantic Web

Wenn man es etwas dramatisch ausdrücken will, könnte man sagen: „Die Maschinen werden intelligent."

Gemeint ist, dass Webanwendungen der Zukunft die Bedeutung und den Inhalt im Web besser verstehen und deuten können. Dies kann heißen, dass Suchmaschinen auf eine Frage **A** eine korrekte Antwort **B** liefern – dies können Sie bei Google bereits testen.

Dies kann auch heißen, dass via Web gezielte Informationen zu mit der Smartphone-Kamera aufgenommenen Bildern eingeblendet werden, z. B. beim Einkaufen. Oder, dass mit dem Web verbundene Geräte wie ein Kühlschrank selbstständig aktiv werden und fehlende Produkte nachbestellen.

Die Beispiele deuten das Potenzial eines semantischen, „intelligenten" Web nur an. Mit etwas Fantasie lassen sich beliebig viele weitere Szenarien entdecken – ein völlig neues Gebiet für Webentwickler.

(Web-)Apps

Apps scheinen das Softwareprodukt der Zukunft zu sein. Auch hier hat es Apple vorgemacht und alle anderen sind gefolgt: In den App-Stores gibt es eine endlose Zahl an mehr oder weniger sinnvollen Applikationen (kurz: Apps).

Bei den Apps wird zwischen nativen und Web-Apps unterschieden: *Native Apps* (dt.: einheimisch, gebürtig) haben ihren Namen daher, dass sie an ein Betriebssystem gebunden sind und dort installiert werden müssen. *Web-Apps* hingegen benötigen nur einen Browser mit Internetverbindung.

Apps dürften zukünftig weiter an Bedeutung gewinnen. App-Design stellt somit eine wichtige Disziplin für Webdesigner dar.

Webentwicklung

Die Zeiten sind vorbei, in denen Webseiten Seite für Seite manuell entwickelt wurden. Dies wäre für die Anforderungen, die responsives Webdesign mit sich bringt, viel zu aufwändig und teuer. Heute kommen im Wesentlichen zwei Vorgehensweisen zum Einsatz:

- Sogenannte *Frameworks* wie Yaml oder Bootstrap bieten eine gute Unterstützung bei der Erstellung responsiver Seiten.
- *Content-Management-Systeme* wie Joomla oder Typo3 stellen bereits fertige (responsive) Vorlagen bereit, die lediglich an die eigenen Bedürfnisse angepasst werden müssen.

Unerlässlich in beiden Fällen sind gute Kenntnisse in *HTML5* und *CSS3*. Es sind dies die beiden Schlüsseltechnologien des Webs, die heute weltweiter Standard sind und von den Browsern immer besser unterstützt werden. Zu *HMTL5 und CSS3* gibt es einen eigenen Band in dieser Buchreihe.

1.2 Disziplinen des Webdesigns

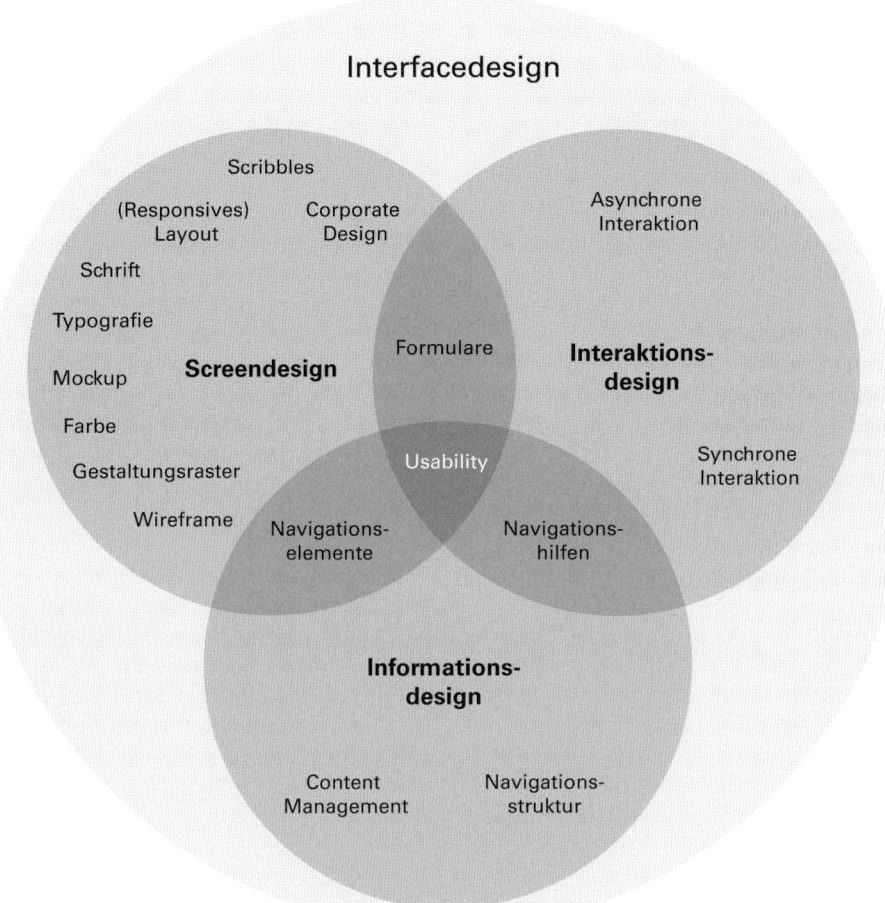

Bereits im letzten Abschnitt haben Sie erfahren, dass eine genaue Definition des Begriffs *Webdesign* schwierig ist. Noch komplizierter wird es, wenn wir einen Blick auf die einzelnen (Teil-) Disziplinen des Webdesigns werfen. In der Grafik oben haben wir den Versuch unternommen, diese in einer Übersicht darzustellen. Bitte beachten Sie, dass eine schematische Darstellung niemals vollständig und eindeutig sein kann. Zum besseren Verständnis kann sie jedoch einen Beitrag leisten.

1.2.1 Interfacedesign

Jedes Produkt, und hierzu zählen auch Webseiten oder Apps, besitzt ein Interface (dt.: Schnittstelle) zwischen Nutzer und Produkt. Im Falle von digitalen Medien wird diese Schnittstelle durch die Benutzeroberfläche der Website oder App gebildet. Die „Kommunikation" mit der Anwendung kann wahlweise mit Hilfe der Maus/Tastatur, mit dem Finger oder per Sprachbefehl erfolgen. Interfacedesign bedeutet, diese

Benutzerschnittstelle so zu gestalten, dass sich die potenziellen Nutzer intuitiv, also ohne längere Übungsphasen, in der Anwendung zurechtfinden. Neudeutsch wird hierbei von *Usability* gesprochen, was sich mit „Gebrauchstauglichkeit" oder, etwas freier, mit „Benutzerfreundlichkeit" übersetzen lässt. Durch das Gleichstellungsgesetz müssen Webapplikationen auch Menschen mit Behinderung zugänglich gemacht werden. Wir sprechen dann von barrierefreien Webseiten. Die (Teil-) Disziplinen des Interfacedesigns sind:

- Informationsdesign
- Interaktionsdesign
- Screendesign

1.2.2 Informationsdesign

Bei einem Fachbuch ist die Sache relativ einfach: Sämtliche Informationen werden linear, also Seite für Seite, nacheinander angeordnet. Über das Inhaltsverzeichnis kann der Leser direkt zur gewünschten Stelle „navigieren".

Bei digitalen Medien wie Webseiten oder Apps sind die Navigationsmöglichkeiten deutlich komplexer, weil Informationen horizontal, vertikal und, z. B. in einem Video, zeitlich nacheinander angeordnet werden können.

Informationsdesign beschäftigt sich mit der Frage nach einer möglichst intuitiv verständlichen Informationsstruktur. Hierbei geht es auch um die Frage, welche Hilfen dem Nutzer angeboten werden müssen, damit er sich in der Applikation zurechtfindet.

1.2.3 Interaktionsdesign

Interaktionsdesign geht der Frage nach, wie der Nutzer über ein digitales Produkt mit dessen Anbieter „interagieren",

also mit ihm in Kontakt treten kann. Die am häufigsten verwendete Interaktionsform dürfte zurzeit das Formular sein. Formulardesign stellt eine wichtige Disziplin des Webdesigns dar.

Interaktion kann alternativ auch in direkter Form erfolgen, z. B. per Spracheingabe. Dies ist beispielsweise für Menschen mit körperlicher Einschränkung eine wesentliche Voraussetzung für die Nutzung des Internets. Weitere Szenarien wie Interaktion durch Gesten, Blicke oder sogar Gedanken sind in der Entwicklung und werden uns in den nächsten Jahren mit Sicherheit gänzlich neue Möglichkeiten bieten.

1.2.4 Screendesign

Die Grundlagen der visuellen Kommunikation und Gestaltung gelten unabhängig vom Endprodukt sowohl für Printmedien als auch für digitale Medien. Wir gehen im Band *Visuelle Kommunikation* näher darauf ein.

Darüber hinaus gibt es jedoch Themen, die *ausschließlich* für digitale Medien von Bedeutung sind:

- Entwurf flexibler (responsiver) Layouts für die unterschiedlichen digitalen Endgeräte
- Auswahl von Schriften für den Bildschirm und Bildschirmtypografie
- Farbkonzepte für Displays
- Entwurf von Navigationselementen wie Schaltflächen oder Menüs
- Gestaltung von Bildern, Grafiken und Icons für digitale Medien
- Verwendung von Sound zur Untermalung oder zur akustischen Unterstützung, z. B. Vorlesefunktion
- Konzeption und Gestaltung von Videoclips oder von 2D- oder 3D-Animationen

1.3 Webdesign – Printdesign

Kriterium	Webdesign	Printdesign
Format	Monitore. Tablets: Querformat, Smartphones: Hochformat	meistens Hochformat, oft DIN-A-Reihe (1 : 1,41)
Schriftauswahl	Schriftwahl eingeschränkt (Systemschriften oder Webfonts)	Schriftwahl beliebig
Typografie	nur Makrotypografie, Umbruch passt sich an Endgerät an	Makro- und Mikrotypgrafie, Umbruch bleibt im Druck erhalten
Farbgestaltung	additive Farbmischung (RGB), keine Farbverbindlichkeit	subtraktive Farbmischung (CMYK), Farbverbindlichkeit über CM möglich
Datenmenge	sollte möglichst niedrig sein, damit Ladezeit gering ist	spielt (fast) keine Rolle
Auflösung der Bilder	niedrig bis mittel, z. B. 100 – 200 ppi (Auflösung hängt von Display ab)	hoch, z. B. 300 dpi (Auflösung hängt von Druckausgabe ab)
Interaktion	zahlreiche Möglichkeiten z. B. Text (Formulare), Sprache, Gesten	nicht möglich
Navigation	über Hyperlinks beliebige (nichtlineare) Verknüpfung der Inhalte	nur linear durch Blättern (Seitenzahlen, Inhalts-, Stichwortverzeichnis als Hilfe)
Multimedia	Sound, Video, 2D-Animation, 3D-Animation	nicht möglich
Aktualisierung	einfach und kostengünstig über Datenbank	aufwändig und kostspielig, da Nachdruck notwendig
Verfügbarkeit	global auf jedem internetfähigen Gerät	regional, national, selten international (Bücher, Zeitungen)
Voraussetzungen	Umgang mit Endgerät, Kenntnis der verwendeten Sprache	Kenntnis der verwendeten Sprache
Kosten	Kosten für Webdesign, -entwicklung und Pflege der Anwendung	Kosten für Satz, Druck, Vertrieb, Lager, abhängig von Auflage

Webdesign – Printdesign

In der Tabelle finden Sie die wesentlichen Merkmale und Unterschiede zwischen Web- und Printdesign.

Auch wenn digitale Medien in unserem beruflichen und privaten Alltag eine immer größere Rolle spielen – auf gedruckte Medien werden wir in den nächsten Jahren vermutlich nicht verzichten können und wollen. Denn auch Firmen wie Amazon oder eBay, die ihren Vertrieb ausschließlich über das Internet abwickeln, korrespondieren mit Kunden, präsentieren sich auf Messen und werben in den Printmedien.

Umgekehrt kann es sich heute auch keine Firma oder Institution mehr erlauben, eine mangelhafte Internetpräsenz vorzuweisen. Sie ist das Aushängeschild und die Visitenkarte des Unternehmens.

Web- und Printdesign hängen eng miteinander zusammen. Beide Komponenten sind Bestandteile des *Corporate Designs* eines Unternehmens. Doch trotz der Zusammengehörigkeit unterscheidet sich Web- von Printdesign in vielfacher Hinsicht. Auch wenn Sie jetzt zu Recht einwenden, dass die Gestaltungsgrundlagen in beiden Bereichen identisch sind, dann gilt dies eben nur für die Grundlagen.

Angefangen von der Auswahl des Formats, der Farben und Schriften bis hin zu den multimedialen und interaktiven Möglichkeiten unterscheiden sich Digital- und Printmedien grundlegend, auch wenn der Kunde dies wegen des

Corporate Designs möglichst nicht bemerken soll. Die wichtigsten Unterschiede finden Sie in der Tabelle auf der vorherigen Seite.

Wie Sie der Tabelle entnehmen können, liegen die Nachteile der digitalen Medien vor allem in der geringeren Auflösung der Monitore und Displays, in der fehlenden Farbverbindlichkeit und in der eingeschränkten Schriftenauswahl. Durch hochauflösende Displays und nachladbare Schriften nimmt die Qualität jedoch von Jahr zu Jahr zu.

So dürfte der derzeit größte Nachteil sein, dass webbasierte Medien auf eine funktionierende Internetverbindung angewiesen sind. Diese ist momentan v. a. dann nicht vorhanden, wenn wir uns in Bewegung befinden (Auto, Bus, Bahn). Die Stärken digitaler Medien liegen in ihren vielfältigen interaktiven und multimedialen Möglichkeiten sowie in einer hohen Aktualität und weltweiten Verfügbarkeit.

Webdesign heißt *nicht*, „hübsche" Seiten zu gestalten, sondern vor allem die Stärken des Mediums optimal zu nutzen. Wer eine Site online hat, die seit einem Jahr nicht mehr aktualisiert wurde, erweckt bei seinen Kunden nicht gerade einen seriösen Eindruck. Wer sich im Internet ausschließlich mit Texten und Bildern präsentiert, muss sich fragen, weshalb er die Möglichkeiten des Mediums nicht nutzt. Vielleicht wäre im einen oder anderen Fall eine gezielte Mailingaktion per Post oder Fax sinnvoller …

Als Webdesigner/-in müssen Sie, noch mehr als im Printbereich, die Schnittstelle zwischen der Gestaltung und den technischen Möglichkeiten und Grenzen des Mediums kennen. Freies Gestalten in Photoshop oder Illustrator nach dem Motto „Um die Umsetzung kümmere ich mich nicht, das ist Aufgabe der Programmierer!" ist Unfug. Denn Gestaltung macht nur Sinn, wenn sie auch umsetzbar ist. Hierzu müssen Sie die technologischen Möglichkeiten und Grenzen kennen. Die hiermit verbundenen Einschränkungen müssen

Corporate Design I

Die Beispiele sind dem Styleguide des ZDF entnommen und zeigen, wie das Logo in Print- (links) und Digitalmedien (rechts) eingesetzt werden darf.

Webdesignern im Vorfeld bekannt sein, um nichts zu gestalten, das später nicht realisierbar ist. Umgekehrt können ihnen die technischen Möglichkeiten auch eine Inspiration für ihre gestalterischen Ideen sein.

Für das Funktionieren einer Website sind eine ganze Reihe von Programmier- und Skriptsprachen wie HTML5, CSS3, JavaScript, PHP, SQL und Ajax zuständig. Eine Website muss unter Windows, macOS, iOS, Android usw. funktionieren, egal ob der Anwender sie mit Firefox, Internet Explorer, Chrome, Safari oder einem anderen Browser öffnet. Die Website muss im Extremfall auf einem kleinen Handydisplay und auf einem 30-Zoll-Monitor brauchbar sein. All diese technischen Besonderheiten wirken sich auf die Konzeption und Gestaltung der Website aus.

So müssen Sie sich beispielsweise von dem Gedanken lösen, dass eine Website für ein festes Format entworfen werden kann. Ebenso wäre es unsinnig, sich auf eine Mac-typische Schrift wie die „Helvetica" zu beschränken, da über 90 % der Internetnutzer an Windows-PCs ohne Helvetica sitzen. Und was brächte eine feine Strichzeichnung, die sich wegen der geringen Auflösung am Monitor nicht darstellen lässt?

Die Beispiele zeigen, dass Sie als Webdesigner/-in technisches Know-how brauchen, um gestalten zu können. Gestalterischer Freiraum bleibt Ihnen dennoch erhalten, auch wenn er geringer ist als im Printbereich.

Glücklicherweise haben Firmen und Behörden mittlerweile erkannt, dass die Erstellung und Pflege einer Webpräsenz nicht zum Nulltarif zu haben ist. Die Zeiten, in denen Hobby-Webdesigner schlechte Seiten ins Netz gestellt haben, sind zumindest bei größeren Betrieben vorbei. Sowohl der Ausbildungsberuf *Mediengestalter/-in Digital und Print* als auch die medientechnischen Studiengänge haben einen großen Beitrag dazu geleistet, dass es mittlerweile viele „Spezialisten" für gutes Webdesign gibt.

Corporate Design II
Die Beispiele sind dem Styleguide des ZDF entnommen und zeigen, wie sich typografische Gestaltung für Print- (links) und Digitalmedien (rechts) umsetzen lässt.

1.4 Aufgaben

1 Webdesign erklären

a. Beenden Sie den Satz:

Die Aufgabe eines Webdesigners/

einer Webdesignerin ist

b. Beschreiben Sie anhand von Bei-
spielen, weshalb sich der Beruf des
Webdesigners in den letzten Jahren
stark verändert hat.

2 Responsive Webdesign definieren

Definieren Sie kurz:
a. Responsive Webdesign

b. Internet der Dinge

c. Semantic Web

3 Webdesign erklären

Begründen Sie stichwortartig, weshalb
sich Webdesigner auch in technologischen Fragen rund um das Internet
auskennen müssen.

4 Web- und Printdesign gegenüber-
stellen

Vergleichen Sie die Anforderungen an
Web- und Printdesign hinsichtlich folgender Kriterien:

a. Wahl des Formats

b. Typografische Gestaltung

c. Farbgestaltung

d. Auflösung und Datenmenge

e. Interaktive Möglichkeiten

f. Multimediale Möglichkeiten

g. Möglichkeiten der Aktualisierung

b. Notieren Sie Argumente, die dagegen sprechen.

h. Verfügbarkeit

5 Vorteile digitaler Medien kennen

Zählen Sie fünf Vorteile digitaler Medien
im Vergleich zu Printmedien auf.

1.

2.

3.

4.

5.

c. Diskutieren Sie das Thema mit Mit-
schülern oder -studenten.

6 Entwicklung der Printmedien beurteilen

„Haben Printmedien eine Zukunft?"

a. Notieren Sie Argumente, die dafür
sprechen.

2.1 Content und Design

2.1.1 Begriffsbestimmung

Lassen Sie uns diesen Abschnitt mit einem Ausflug in den Bereich des Produktdesigns beginnen:

Die Funktion eines Kaffeeautomaten besteht darin, auf Knopfdruck die gewünschte Menge Kaffee zuzubereiten und in eine Tasse zu füllen. Hierzu muss der Automat Bohnen mahlen, Wasser zum Kochen bringen und unter Druck durch die gemahlenen Bohnen pressen.

Der Inhalt *(Content)* des Automaten besteht also aus einer Vielzahl mechanischer und elektronischer Komponenten, deren Zusammenspiel von den Produktingenieuren ausgeklügelt werden muss.

Sind alle technischen Probleme gelöst, wird das Gerät in ein möglichst billiges Plastikgehäuse gesetzt und fertig ist der Kaffeeautomat.

Halt! Obwohl dieses Gerät einwandfrei funktioniert, würde es niemand kaufen. Denn wir Käufer wollen nicht nur ein funktionierendes, sondern auch ein gestaltetes Produkt – wir wollen *Design*!

An der Entwicklung werden deshalb Designer beteiligt sein, um das Produkt nach ihren Kriterien zu entwerfen:

- Ästhetik, äußere Gestalt
- Haptik
- Ergonomie, Benutzerfreundlichkeit
- Materialien, Werkstoffe
- Produktionskosten
- Recycling
- ...

Die äußere Form des Automaten, sein Design, bildet die Schnittstelle zum Kunden: Aus der Übersetzung von „Schnittstelle" (engl.: interface) leitet sich der Begriff *Interfacedesign* ab.

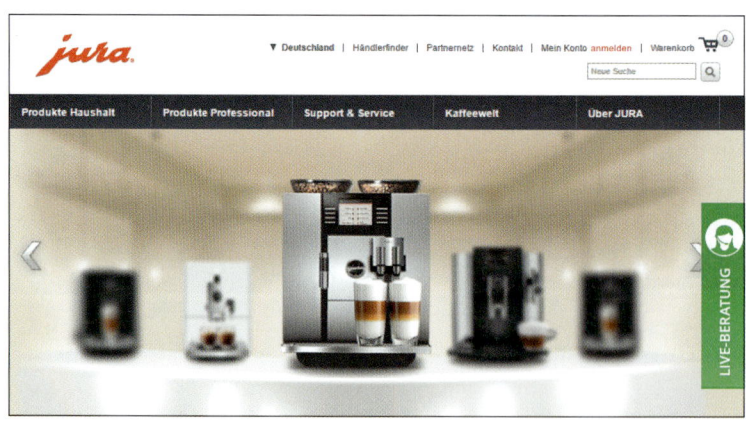

Auch bei der Konzeption (multi-)medialer Produkte müssen Sie zwischen Content und Design unterscheiden. Unter dem *Content* verstehen wir hierbei die Gesamtheit an Informationen, die der Anbieter in Form von Texten, Bildern, Dateien, eventuell auch als Video- oder Soundclips, anbietet. Vor allem von der Informationsmenge hängt es ab, in welcher Form die Inhalte verwaltet werden – man spricht von *Content Management*.

Aufgabe des Web- bzw. Interfacedesigners ist es analog zum Produktdesigner, sich um die äußere Form und Gestaltung der Benutzeroberfläche *(User Interface)* zu kümmern. Er betrachtet u. a. folgende Aspekte:

- Ästhetik
- Gestaltung
- Usability
- Benutzerführung
- Barrierefreiheit
- Informationsdesign
- Interaktionsdesign
- ...

Bei der Konzeption sollten Sie von Anfang an darauf achten, dass die beschriebene Trennung von Content und Design konsequent eingehalten wird. Die Gestaltung einer Benutzeroberfläche muss losgelöst vom Inhalt erfolgen, so dass beides unabhängig voneinander verändert werden kann. Denn während die Benutzeroberfläche in der Regel zumindest für einige Monate beibehalten wird, ändert sich der Inhalt vieler Produkte täglich, stündlich oder minütlich, denken Sie an eBay oder an Aktienkurse!

2.1.2 Content Management

Die Hauptforderung lautet:

Wichtig
Trennen Sie konsequent Inhalt (Content) und Gestaltung (Design).

Wie lässt sich die geforderte Trennung nun in die Praxis umsetzen? Hierbei müssen Sie zwischen zwei Ansätzen unterscheiden: statische Strukturen und dynamische Strukturen z. B. über Content-Management-Systeme.

Statische Struktur

Kleinere Internetauftritte, z. B. zu Übungszwecken, für Präsentationen oder für kleine Firmen oder Vereine, bestehen aus einigen HTML5- und CSS3-Dateien sowie einem Bilder-Ordner. Der *Content* wird direkt in den HTML5-Dateien platziert, so dass für jeden Screen eine eigene Datei erforderlich ist. Das *Design,* also Layout und Gestaltung, der Website erfolgt in CSS3-Dateien. Die Forderung nach Trennung von Content und Design ist damit erfüllt. (Zu *HTML5 und CSS3* gibt es einen separaten Band in dieser Buchreihe.)

Statische Webseiten

Merkmal einer statischen Website ist, dass für jeden Screen eine eigene HTML-Datei erforderlich ist.

Die Aktualisierung der Inhalte ist schwierig. Für größere Webauftritte ist diese Struktur deshalb nicht brauchbar.

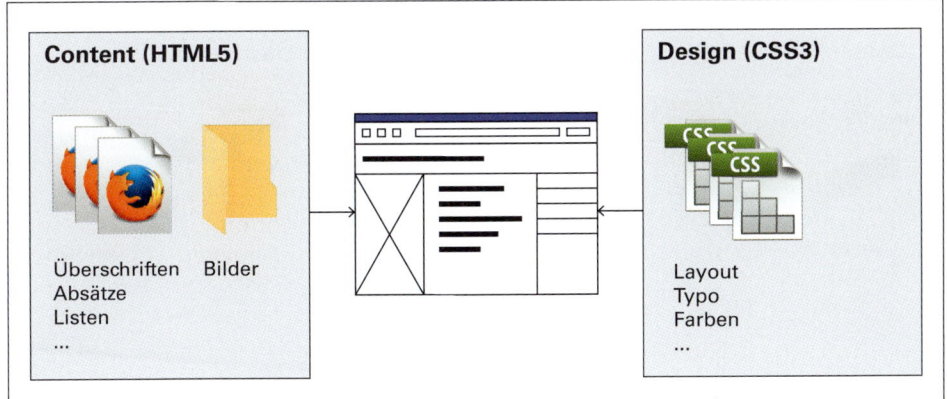

Man bezeichnet diese Struktur als *statisch*, also unveränderlich, weil der Inhalt nur editiert werden kann, wenn die Änderungen in der jeweiligen HTML5-Datei vorgenommen werden. Noch aufwändiger sind strukturelle Änderungen am Webauftritt, z. B. das Erweitern der Navigationsstruktur, da dies Auswirkungen auf viele Dateien hat.

Die Pflege eines statischen Internetauftritts kann aus diesem Grund nicht vom auftraggebenden Kunden selbst vorgenommen werden und bleibt der ausführenden Agentur vorbehalten. Für den Kunden bedeutet dies jedoch Folgekosten, die Sie bereits bei der Angebotserstellung berücksichtigen müssen. Aufgrund der Unflexibilität und des hohen Aufwands bei Änderungen gilt:

Dynamische Struktur

Für größere Webauftritte ist die statische Struktur ungeeignet, da sie sehr viele HTML5-Seiten erfordern würde, deren Aktualisierung enorm aufwändig und damit zu teuer wäre.

Die Grundidee einer dynamischen Website ist, den gesamten *Content* in einer Datenbank zu verwalten. Auf eine Datenbank können auch technische Laien über eine Weboberfläche *(Frontend)* zugreifen und damit die Inhalte des Internetauftritts ohne technische Kenntnisse editieren.

Das *Design* der Seite wird separat von den Daten in CSS3-Dateien und in einer Vorlagen-Datei gespeichert, die als *Template* bezeichnet wird. Templates sind mit Musterseiten aus InDesign oder dem Folienmaster in PowerPoint vergleichbar: Alle Seiten bzw. Folien, die mit derselben Vorlage erstellt werden, besitzen auch dasselbe Layout. Änderungen der Vorlage wirken sich auf alle Seiten aus. Durch Änderung einiger weniger Dateien lässt sich ein kompletter Internetauftritt umformatieren.

HTML5-Seiten werden bei dieser Vorgehensweise *dynamisch* – also nach Bedarf – erzeugt, wenn sie durch den Benutzer angefragt werden. Denken Sie an Google, wo nach Eingabe eines Suchbegriffs eine Seite mit den Ergebnissen erzeugt wird. Die Inhalte werden dabei mit Hilfe einer Programmiersprache aus einer Datenbank gelesen und im Template platziert.

Dynamische Struktur

Der Begriff „dynamisch" bedeutet, dass die HTML5-Seite erst auf Anfrage des Benutzers (Suchbegriff oder Buttonklick) erzeugt wird.

Alle Inhalte werden separat in einer Datenbank verwaltet, das Design ist in sogenannten Templates gespeichert.

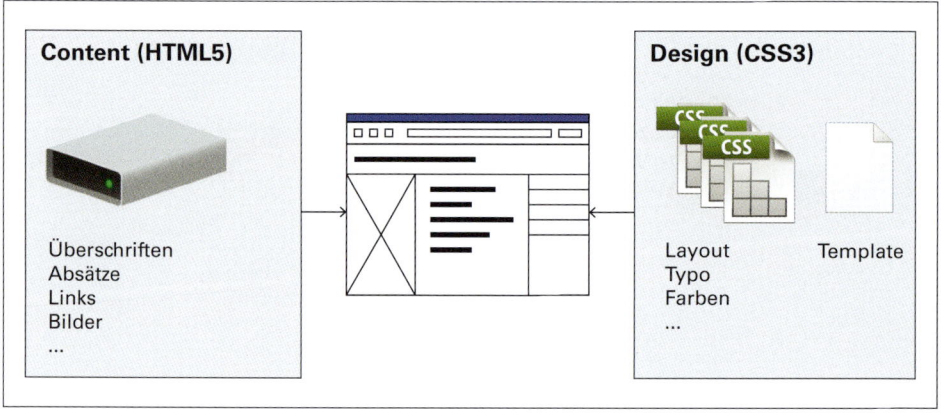

Content (HTML5)		Design (CSS3)
Überschriften Absätze Links Bilder ...		Layout Template Typo Farben ...

2.1.3 Content-Management-Systeme

Software zur Erstellung und Verwaltung dynamischer Websites wird als *Content-Management-System* bezeichnet, häufig mit *CMS* abgekürzt. (Achtung: Leider steht CMS auch für Color-Management-System.)

Bei einem Content-Management-System wird das im vorherigen Abschnitt beschriebene Konzept dynamischer Webseiten konsequent verfolgt und damit Struktur und Gestaltung eines Webauftritts vom Content getrennt. Letzterer wird in einer Datenbank verwaltet, für die unterschiedliche Zugriffsrechte vergeben werden: Während Administratoren die Struktur der Website verändern dürfen, können Autoren oder Editoren nur Beiträge erstellen, editieren oder löschen. Auf diese Weise wird es möglich, dass ein Kunde seinen Webauftritt, z. B. ein Shopsystem, selbst pflegen kann, ohne dass er hierfür Kenntnisse in der Erstellung von Webseiten benötigt.

Die Vorteile der Erstellung von Webseiten mit Hilfe eines CMS sind so überzeugend, dass heute die überwiegende Mehrheit aller Webauftritte mit Hilfe eines derartigen Systems erstellt werden. Mittlerweile gibt es Hunderte von Content-Management-Systemen auf dem Markt. Diese unterscheiden sich hinsichtlich Kosten und Leistungsumfang. Die Auswahl des geeigneten CMS ist eine wichtige konzeptionelle Entscheidung. Die größte Verbreitung haben derzeit (Stand: 2016)[1]:

- WordPress (59,3 %)
- Joomla! (6,1 %)
- Drupal (4,9 %)

---

[1] Quelle: http://de.statista.com/statistik/daten/studie/320670/umfrage/marktanteile-der-content-management-systeme-cms-weltweit/ (abgerufen am 01.10.2016).

- Magento (2,9 %)
- Blogger (2,8 %)
- Typo3 (1,5 %)

Mit einem Marktanteil von fast sechzig Prozent führt *WordPress* das Ranking der Content-Management-Systeme mit großem Abstand an.

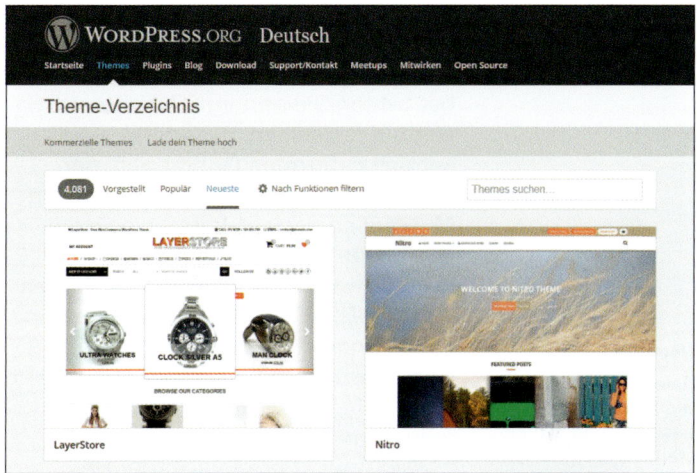

Bei WordPress handelt es sich um eine Open-Source-Software, die Sie kostenlos und lizenzfrei nutzen dürfen. Wie im Screenshot zu sehen ist, können Sie auf eine riesige Anzahl an Templates, bei WordPress als *Themes* bezeichnet, zurückgreifen. Alternativ kann, entsprechendes Know-how vorausgesetzt, auch ein eigenes Template bzw. Theme erstellt werden.

Durch die Verwendung eines Content-Management-Systems wird die Erstellung und Pflege von (responsiven) Webauftritten deutlich vereinfacht, da sich die komplexe technische Umsetzung im Hintergrund verbirgt. Sobald Sie jedoch von einer bestehende Vorlage abweichen und diese an Ihre Bedürfnisse anpassen wollen oder müssen, kommen Sie um fundierte HTML5- und CSS3-Kenntnisse nicht herum.

Content-Management-System

WordPress ist das mit Abstand am weitesten verbreitete Content-Management-System.

Nutzer können aus einer sehr großen Zahl von Designvorlagen (Templates) auswählen.

2.2 Usability

2.2.1 Benutzeroberfläche (User Interface)

Gehen Sie doch einmal in Ihr Bad und betrachten Sie dort Ihre Zahnbürste: Sie werden feststellen, dass diese einen speziell geformten Griff besitzt, der möglicherweise aus unterschiedlichen Materialien besteht. Vermutlich ist er an einigen Stellen geriffelt oder mit Noppen versehen. Die Borsten werden unterschiedliche Längen aufweisen und in bestimmter Art und Weise gruppiert sein. Weshalb ist eine schlichte Zahnbürste ein derart aufwändiges und teuer zu produzierendes Gebilde?

Die Antwort ist einfach: Der Hersteller hat versucht, die Zahnbürste möglichst optimal an die *Ergonomie* der menschlichen Hand (Griff) sowie des Gebisses (Kopf mit Borsten) anzupassen. Anders gesagt: Die Schnittstelle

(engl.: interface) zwischen Mensch und Produkt wurde optimiert.

Auch am Computer gibt es mehrere Schnittstellen zwischen Mensch und technischem Gerät: Tastatur, Maus, (Touch-)Screen. Alle Komponenten sollten so geformt und beschaffen sein, dass sie für den Nutzer ein möglichst benutzerfreundliches Design erhalten. Diese Forderung gilt jedoch nicht nur für Hardware: Jede Software besitzt eine Schnittstelle zur Kommunikation zwischen Nutzer und (digitalem) Produkt – das *User Interface* oder die Benutzeroberfläche.

Interfacedesign beschäftigt sich mit Fragen, wie eine derartige Oberfläche beschaffen sein muss, damit sie ihren Zweck optimal erfüllt. Hierbei geht es primär nicht darum, eine Oberfläche „schön" aussehen zu lassen, sondern um Fragen der Benutzerfreundlichkeit.

2.2.2 Benutzerfreundlichkeit (Usability)

Usability wird meistens mit Benutzerfreundlichkeit übersetzt. Gemeint ist damit wörtlich, dass eine Benutzeroberfläche „freundlich zum Benutzer" sein muss. Weitere Begriffe für Usability sind Bedienbarkeit, Brauchbarkeit, Nutzbarkeit oder – gemäß DIN EN ISO 9241 – Gebrauchstauglichkeit.

Usability beschäftigt sich mit folgenden Fragen zur Gestaltung von Benutzeroberflächen:

- Wie müssen die Bedien- und Navigationselemente gestaltet und ange-

User Interface

Sowohl reale als auch digitale Produkte besitzen eine Schnittstelle (engl.: interface) zum Nutzer (engl.: user) – als User Interface bezeichnet.

Usability beschäftigt sich mit dem Entwurf und der Gestaltung des User Interface.

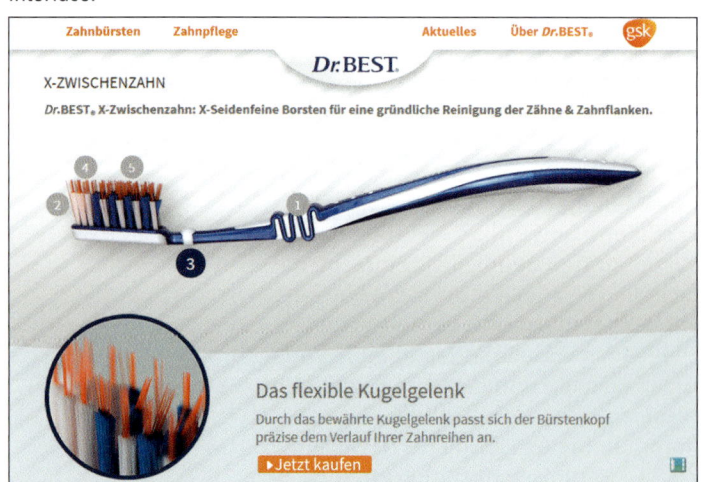

ordnet werden, damit sich der Nutzer schnell zurechtfindet?

- Welche interaktiven Elemente sind erforderlich, um dem Nutzer die Kommunikation mit dem Anbieter der Website zu ermöglichen?
- Wie kann ein Nutzer bei der Bedienung der Website unterstützt werden?
- Wie müssen Informationen gegliedert werden, damit sie logisch nachvollziehbar sind und möglichst schnell gefunden werden?
- Wie müssen Texte geschrieben werden, damit sie möglichst kurz und gut verständlich sind und alle wichtigen Informationen enthalten?
- Wie lässt sich Ermüdung am Bildschirm vermeiden?
- Wie lässt sich das Auge des Betrachters durch gezielte Blickführung lenken?
- Wie kann auch Menschen mit Behinderung, z. B. Blinden, ein Zugang zur Website ermöglicht werden?
- Wie kann verhindert werden, dass der Nutzer zu einer anderen Site „weitersurft"?
- Wie kann erreicht werden, dass eine Website langfristig erfolgreich ist?

Sie sehen, dass Usability wesentlich mehr beinhaltet als die als Screendesign bezeichnete Gestaltung einer Benutzeroberfläche.

2.2.3 Usability-Tests

Mittlerweile gibt es zahlreiche Bücher, die sich ausschließlich mit der Frage beschäftigen, wie die Usability einer Webapplikation optimiert werden kann. Der Grund hierfür ist offensichtlich: Über Erfolg oder Misserfolg entscheidet maßgeblich, ob die User einen einfachen Zugang zum Produkt erhalten oder ob sie es nach erfolglosen Nutzungsversuchen genervt verlassen.

Eye-Tracking
Durch Aufzeichnung der Augenbewegung kann untersucht werden, wie sich User auf einer Webapplikation orientieren.

Um die Usability eines Produktes zu untersuchen, gibt es mehrere Möglichkeiten, die entweder in einem Testlabor oder als Feldversuch stattfinden. Der Vorteil des Labors besteht in den besseren Analysemöglichkeiten. Am Feldversuch kann eine größere Stichprobe der Zielgruppe beteiligt werden. Außerdem hat man festgestellt, dass auch die Umgebungsbedingungen (Lichtverhältnisse, Lärm usw.) einen Einfluss auf das Nutzerverhalten haben.

Fragebögen, Interviews
Usability-Tests mittels Fragebogen oder Interview werden als Feldversuch, also außerhalb von speziellen Labors, durchgeführt. Hierfür wird eine repräsentative Stichprobe der Zielgruppe gebeten, ein User Interface, z. B. eine Website, nach bestimmten Vorgaben zu testen. Im Anschluss füllen die Probanden einen Fragebogen aus oder sie werden über ihre Beobachtungen telefonisch interviewt.

Mouse- und Eye-Tracking
Beim Mouse- und Eye-Tracking werden die Maus- bzw. Augenbewegungen der

17

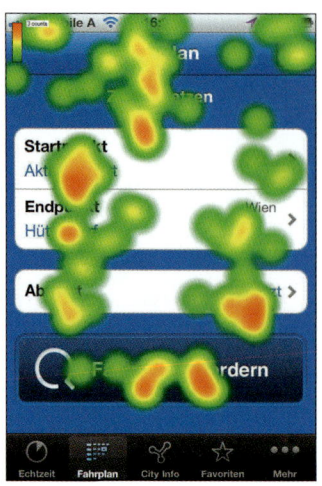
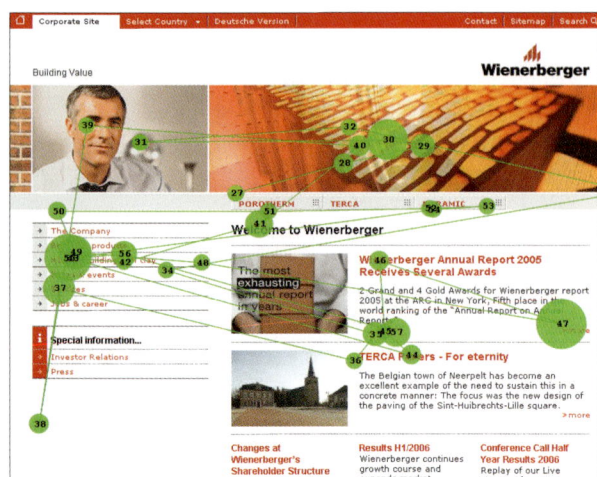

Versuchspersonen aufgezeichnet. Im Screenshot oben geben die Farben die Verweildauer der Augen auf einer bestimmten Stelle wieder: Grün bedeutet kurze, gelb und rot lange Verweildauer.

Hieraus lassen sich Rückschlüsse auf die Platzierung, Größe, Form und Farben der Seitenelemente ziehen. Möglicherweise müssen auch unverständliche Begriffe ausgetauscht oder Bilder ersetzt werden.

Cognitive Walkthrough

Bei diesem Test stellen sich die Usability-Experten konkrete Aufgaben. Beispiele hierfür sind: „Ich will Produkt X bestellen", „Ich will Tickets für ein Konzert Y reservieren" oder „Ich brauche eine Information Z". Sie versetzen sich damit gedanklich in die Lage der späteren Nutzer des Produkts.

Aus der benötigten Zeit sowie der eigenen Vorgehensweise lassen sich Rückschlüsse auf die Verbesserung der Benutzerführung ziehen.

Lautes Denken

Bei dieser Methode spricht die Testperson, während sie die Website bedient.

Hierdurch ergibt sich der Vorteil, dass auch spontane Eindrücke und Stimmungen dokumentiert und später ausgewertet werden können.

Videobeobachtung

Schließlich kann während des Versuchs das Gesicht der Versuchsperson mittels Videokamera gefilmt werden.

Bei der Auswertung werden die besuchten Seiten und die Gesichtsmimik parallel betrachtet, um Rückschlüsse aus der Mimik (z. B. fragender, zufriedener, verärgerter Gesichtsausdruck) ziehen zu können.

2.2.4 Zielgruppenanalyse

Für ein erfolgreiches „User Interface", ist eine möglichst genaue Kenntnis der potenziellen Zielgruppe von entscheidender Bedeutung.

Während zur professionellen Durchführung Marktforschungsunternehmen beauftragt werden, genügt es bei kleineren Projekten, die Zielgruppe z. B. nach *soziodemografischen Merkmalen* zu untersuchen. In der Tabelle sind wichtige Merkmale zusammengestellt.

Aus der Analyse können sich zwei Folgerungen ergeben:

1 Für das geplante Projekt gibt es überhaupt keine Zielgruppe. Auch diese Erkenntnis ist wichtig und verhindert einen möglichen Flop.

2 Für das geplante Produkt gibt es eine ausreichend große Zielgruppe. In diesem Fall leiten Sie im nächsten Schritt die Folgerungen für die Entwicklung des User Interface ab.

Beispiel Maus

Die Website der Maus (www.wdrmaus.de) zeigt eine gelungene Umsetzung für die Zielgruppe Kinder:

- freundliche, warme Farbgestaltung (Farbe-an-sich-Kontrast),
- Navigation ohne Sprachkenntnisse über kleine animierte Grafiken,
- Animationen und spielerische Elemente motivieren zur Interaktion,
- Integration multimedialer Elemente,
- minimaler Textanteil, durch Grafiken unterstützt,
- Benutzerführung wird spielerisch-intuitiv entdeckt.

Beispiel Seniorenportal

Auf der Website www.portal-fuer-senioren.com finden sich Informationen für die Zielgruppe 60+:

- stark reduzierte Farbgestaltung (Bunt-Unbunt-Kontrast),
- Farben haben Leitfunktion,
- wenig Bilder, optisch im Hintergrund,
- Fokus liegt auf Text,
- gut lesbare typografische Gestaltung,
- wählbare Schriftgröße,
- hoher (aber nicht maximaler) Kontrast zwischen Text und Hintergrund,
- Suchfeld als Navigationshilfe,
- einfache, „klassische" Benutzerführung, die an Printmedien erinnert,
- kompletter Verzicht auf multimediale Elemente.

Zielgruppenanalyse nach soziodemografischen Merkmalen	
Kriterium	**Beispiele**
Geschlecht	männlich, weiblich
Alter	Kinder, Jugendliche, junge Erwachsene, Senioren
Familienstand	ledig, verheiratet, geschieden, verwitwet
Nationalität/Herkunft	deutsch, europäisch, arabisch
Wohnort	Stadt, Bundesland, ost, west, Staat
Religionszugehörigkeit	keine, katholisch, evangelisch, muslimisch
Haushaltsgröße	Single, Paar, Familie
Bildung	Schulabschluss, Berufsabschluss
Erwerbsstatus	arbeitslos, Vollzeit, Teilzeit
Berufliche Stellung	selbstständig, angestellt, leitend
Einkommen	gering, mittel, hoch
Soziale Schicht	Unterschicht, Mittelschicht, Oberschicht
Gesundheit	gesund, behindert, z.B. taub, blind, gelähmt, geistig
Medien	Ausstattung, Nutzung, Medienkompetenz
Verhalten/Aktivität	sportlich, politisch, kulturell, sozial, aktiv/passiv
Kaufverhalten	Kauforte, Markentreue, Preisbewusstsein, Prestige

2.3 Informationsdesign

Benutzerführung im Kaufhaus I

Im Eingangsbereich von Kaufhäusern finden sich meistens Wegweiser, die nach Stockwerken gegliedert sind.

Um eine Abteilung zu finden, müssen Sie den Plan Stockwerk für Stockwerk durchlesen.

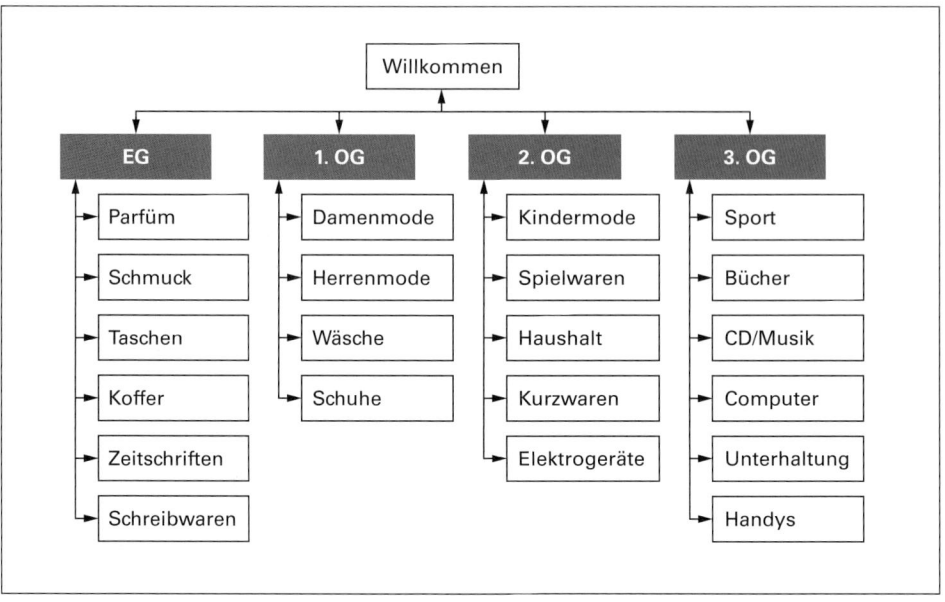

2.3.1 Einführung

Den Begriff „Navigation" kennen Sie vermutlich aus der Schiff- oder Luftfahrt: Er bezeichnet die Kursbestimmung von Schiffen bzw. Flugzeugen. Mittlerweile sind „Navis" auch in Autos weit verbreitet.

Der Begriff wurde auf den Bereich der Digitalmedien übertragen: Die Navigationsstruktur bestimmt, welche Möglichkeiten der Anwender hat, sich durch ein Produkt zu bewegen. Während die Navigation in einem Buch oder in einer Zeitung beliebig durch Blättern erfolgen kann, ist der Nutzer in der digitalen Welt auf die zugrunde liegende Struktur angewiesen. Der Aufbau einer solchen Struktur stellt eine der wichtigsten konzeptionellen Aufgaben dar. Die Navigationsstruktur ist sozusagen das Skelett der digitalen Anwendung. Bei falschem Design wird der Nutzer den gesuchten Inhalt nicht finden und die Site (für immer) verlassen.

Hierzu ein Beispiel aus dem Alltag: Wenn Sie ein großes Kaufhaus betreten, finden Sie im Eingangsbereich einen Wegweiser, der das Kaufhaus nach Stockwerken gegliedert darstellt. Nun suchen Sie ja aber in der Regel eine bestimmte Abteilung und wissen nicht, in welchem Stockwerk sich diese befindet. Es bleibt also nichts anderes übrig, als den gesamten Plan nach dieser Abteilung abzusuchen. Warum um alles in der Welt kommt eigentlich niemand auf die Idee, in einem Kaufhaus einmal einen Plan aufzuhängen, der thematisch oder alphabetisch gegliedert ist?

Wie die Grafik auf der nächsten Seite zeigt, würde diese Struktur die Suche im Kaufhaus deutlich verkürzen und den Kunden schneller zum gewünschten Ziel führen. Doch vermutlich beabsichtigen die Kaufhausbetreiber genau das Gegenteil, damit die Kunden möglichst lange im Kaufhaus verweilen. Hierfür fehlt mir (als Mann) das Verständnis … :-)

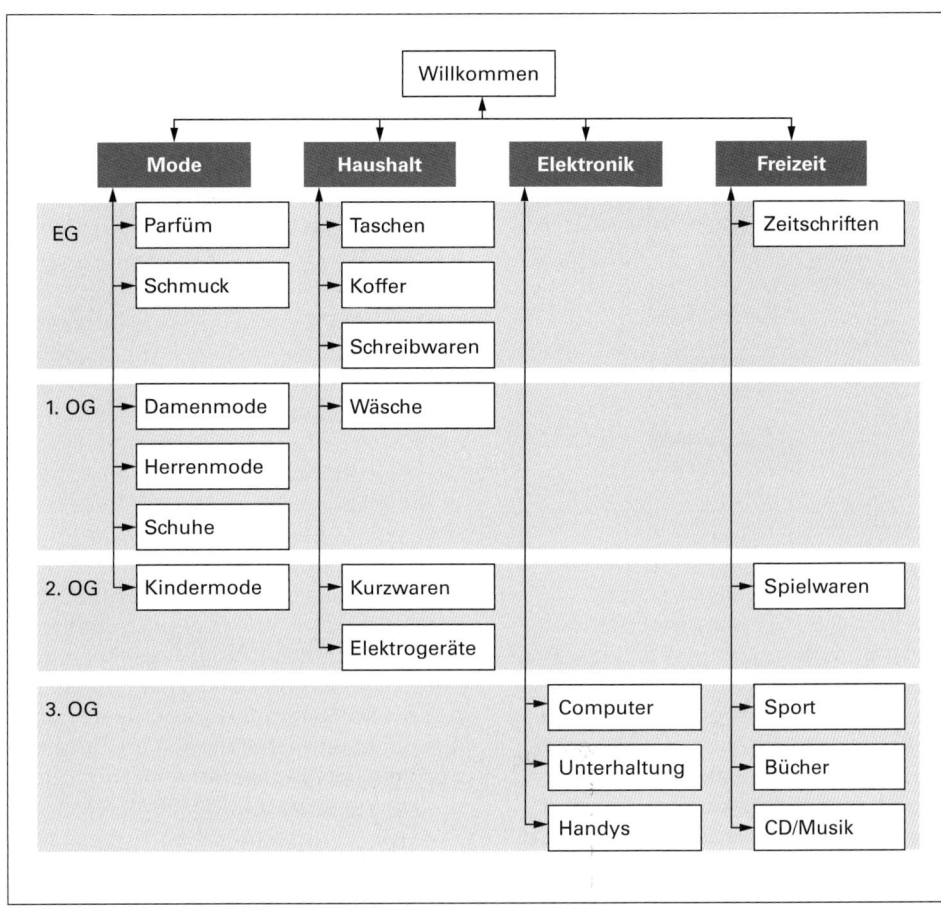

Benutzerführung im Kaufhaus II

Durch die thematische Gliederung ist ein schnellerer Zugang möglich. Um eine Abteilung zu finden, müssen Sie diese lediglich der richtigen Kategorie zuordnen, danach erfahren Sie das zugehörige Stockwerk.

Die Struktur entspricht dem Navigationsplan eines Webshops.

An diesem Alltagsbeispiel sehen Sie, wie groß der Einfluss des Informationsdesigns auf das Nutzerverhalten ist.

Im Folgenden stellen wir Ihnen die drei Grundtypen der Navigation vor: lineare Struktur, Baumstruktur und Netzstruktur. In der Praxis kommen meistens Mischformen vor.

2.3.2 Lineare Struktur

Bei einer linearen Abfolge der Screens hat der Nutzer keinerlei Entscheidungsfreiheit, so dass wir im Grunde gar nicht von „Navigation" sprechen können. Der Hauptvorteil dieser Struktur ist, dass die Informationen in einer festgelegten Reihenfolge angeordnet werden können. Dem Nutzer wird diese Reihenfolge vorgegeben, er hat – im wahrsten Sinne des Wortes – keine andere Wahl.

Die lineare Struktur kommt bei *Bildschirmpräsentationen* zum Einsatz, die beispielsweise mit PowerPoint oder Keynote erstellt werden. Da die Screens hierbei zur visuellen Unterstützung eines Vortrages dienen, ist die festgelegte Reihenfolge zwingend erforderlich. Eine Wahlmöglichkeit wird nicht benötigt – Vorwärtsblättern reicht aus.

Lineare Navigation

Die lineare Struktur lässt dem Nutzer keine Auswahl – er kann sich nur in fester Abfolge von einem Screen zum nächsten bewegen.

Die Navigationsstruktur kommt bei Präsentationen, aber auch bei sogenannten Single-Page-Websites zum Einsatz.

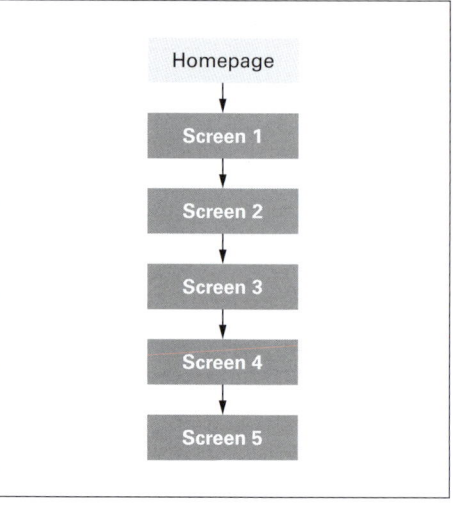

Single-Page-Design

Webauftritte, die lediglich aus einem, in vertikaler Richtung beliebig langen Screen bestehen, sind derzeit weit verbreitet. Auf https://onepage-love.com finden Sie besonders gelungene Designs.

Im Bereich des Webdesigns waren lineare Strukturen bis vor kurzer Zeit unüblich. Mit der zunehmenden Nutzung mobiler Endgeräte hat sich dies geändert. Als *Single-Page-Design* oder *One-Page-Design* bezeichnet man Webseiten, die nur aus einem Screen bestehen. Alle Informationen werden untereinander gepackt. Der Nutzer „navigiert" über die Seite, indem er mit dem Finger wischt oder, falls eine Maus vorhanden ist, am Scrollrad dreht.

Der wesentliche Vorteil des Single-Page-Designs besteht darin, dass der Nutzer selbst entscheidet, in welcher Geschwindigkeit er neue Information zu sehen bekommt. Dies entspricht dem Lesen in einem Buch, nur dass die Infos auf einer Buchseite an Ort und Stelle bleiben und sich Kopf bzw. Augen bewegen, während dies auf Displays umgekehrt ist.

Desktop-PCs oder Laptops besitzen deutlich größere Displays. Hier besteht keine Notwendigkeit, die Informationen untereinander anzuordnen, ein zwei- oder dreispaltiger Satz kommt den Lesegewohnheiten deutlich näher.

Sie erkennen an diesem Beispiel, dass beim Entwurf einer Informationsstruktur das Endgerät eine wichtige Rolle spielt. An dieser Stelle kommt *responsives Design* ins Spiel, bei dem sich das Layout flexibel an die unterschiedlichen Endgeräte anpasst. Auf einem Smartphone könnte es einspaltig, auf einem Tablet im Querformat zweispaltig und auf dem Monitor dreispaltig sein.

2.3.3 Baumstruktur

Die mit Abstand am häufigsten verwendete Navigationsstruktur ist die Baumstruktur, oft auch als hierarchische Struktur bezeichnet. Der Name kommt daher, dass die Struktur an einen umgedrehten Baum erinnert, der sich, von einer Wurzel ausgehend, immer weiter verzweigt.

Die Baumstruktur bietet dem Nutzer auf jeder Ebene die Möglichkeit, sich für einen „Ast" zu entscheiden und hierdurch eine Ebene tiefer zu gelangen. Die Rückkehr zum Ausgangspunkt erfolgt in umgekehrter Weise von Ebene zu Ebene. Eine Ausnahme bildet die direkte Rückkehr zur Startseite (Home-

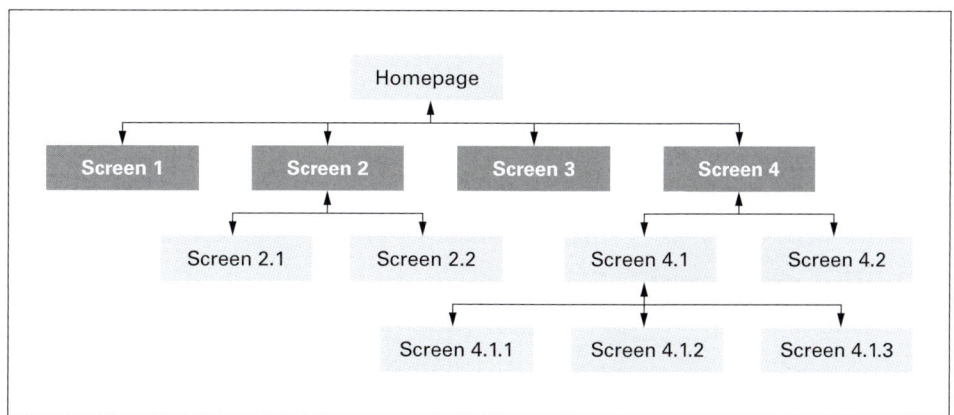

Baumstruktur

Die Baumstruktur oder auch hierarchische Struktur ist vertikal in Informationsebenen gegliedert. Die Informationen werden von oben nach unten immer detaillierter.

Die Mehrzahl der Webauftritte besitzt eine hierarchische Struktur.

page), die im Normalfall von jedem Screen aus möglich ist, z. B. durch Anklicken oder Antippen des Logos.

Die hierarchische Informationsstruktur ist uns allen vertraut, da sie in jedem Fachbuch vorzufinden ist. Die einzelnen Informationsebenen entsprechen dort den Kapiteln und Unterkapiteln. Jedes Inhaltsverzeichnis kann deshalb in Form eines „Baumes" gezeichnet werden. Eine weitere Anwendung der Baumstruktur stellen „Mindmaps" dar, bei denen das Wurzelelement in der Mitte angeordnet wird.

Die wesentlichen Vorteile der hierarchischen Navigationsstrukturen sind:
- Gute Gliederungs- und Strukturierungsmöglichkeiten der Informationen in zwei Richtungen (horizontal und vertikal)
- Intuitive Bedienung ohne Vorkenntnisse, da die Struktur vom Fachbuch bekannt ist
- Problemlose Erweiterung oder Änderung der Struktur

Nicht nur die Mehrzahl der Webseiten, sondern auch die meisten Offline-Produkte sind hierarchisch strukturiert – denken Sie an die Benutzerführung eines Fernsehers oder die Menüstrukturen von Anwendersoftware.

2.3.4 Netzstruktur

Eine netzartig oder vermascht strukturierte digitale Anwendung weist für den Nutzer keine eindeutige und klare Hierarchie auf. Stattdessen sind die einzelnen Screens in vielfältiger Weise miteinander verlinkt – das bekannteste Beispiel hierfür ist Wikipedia.

Netzstrukturen sind dann sinnvoll, wenn es darum geht, dem Nutzer einen möglichst großen Entscheidungsspielraum zu lassen. Im Unterschied zur hierarchischen Struktur kann er – durch Eingabe eines Suchbegriffs – schnell

Netzstruktur

Bei der Netzstruktur gibt es keine Hierarchie, jede Seite kann prinzipiell mit jeder anderen verlinkt sein.

Wikipedia ist ein hierfür ein typisches Beispiel.

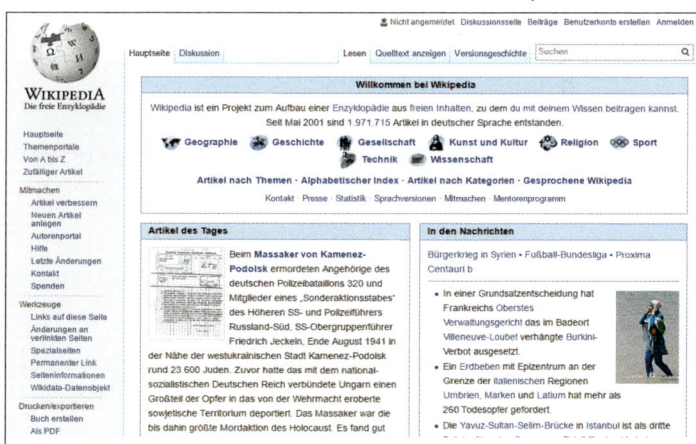

Netzstruktur
Bei der Netzstruktur
gibt es keine Hierar-
chie; im Prinzip kann
jeder Screen mit je-
dem anderen Screen
verlinkt sein.

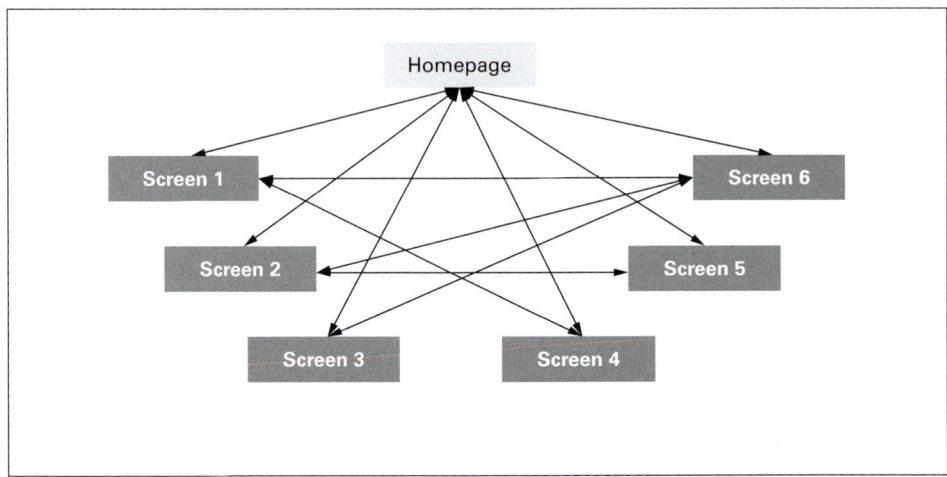

zur Information gelangen. Andererseits
birgt die Netzstruktur die Gefahr, sich
hoffnungslos zu „verirren". Jeder von
uns hat die Erfahrung gemacht: Auf
der Suche nach einem Begriff gelangt
man auf interessante Seiten, klickt
weiter, gelangt auf andere Seiten und
weiß am Schluss nicht mehr, was das
ursprüngliche Ziel der Suche war. Fazit:
Die vernetzte Struktur bietet maximale
Möglichkeiten, stellt jedoch auch die
höchsten Anforderungen an den Nutzer.

2.3.5 Kombinierte Struktur

Die in den vorherigen Abschnitten vor-
gestellten Informations- bzw. Navigationsstrukturen sind bei allen größeren
Webauftritten häufig miteinander kombiniert. Im Screenshot auf der rechten
Seite sehen Sie die mobile Version des
Nachrichtenportals *SpiegelOnline*. Hier
kann der Nutzer
- eine Rubrik **A** wählen (hierarchische
  Struktur),

Kombinierte Struktur
In vielen Fällen ist
es sinnvoll, die oben
genannten Strukturen
miteinander zu kom-
binieren.
  Die rechts gezeigte
Struktur kommt der
Bedienung von Touch-
screens entgegen
(horizontales und
vertikales Wischen mit
dem Finger).

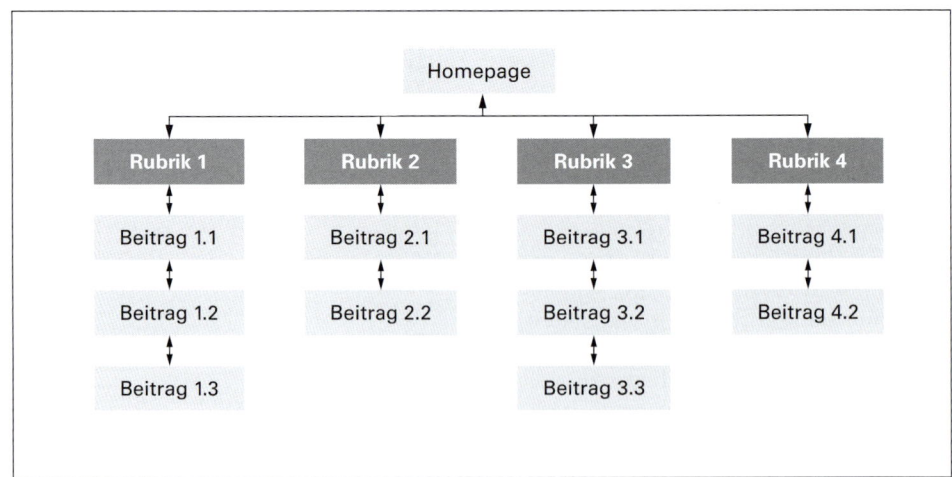

2.3.6 Entwurf einer Navigationsstruktur

Eine intuitiv verständliche Strukturierung und Gliederung der Information ist bei Webanwendungen noch wichtiger als im Fachbuch. Denn hier sieht der Nutzer immer nur einen Screen, ein schnelles Durchblättern oder Überfliegen von Seiten ist nicht möglich.

Navigationspläne werden v. a. für hierarchische Strukturen entworfen. Bei einer linearen Abfolge genügt die Festlegung der Reihenfolge und eine vernetzte Struktur ist in dieser Darstellung nicht möglich. In einem Navigationsplan symbolisieren rechteckige Kästen die Screens und Pfeile die Links. Für den Entwurf gelten folgende Regeln:

Entwurf einer Navigationsstruktur

- Versetzen Sie sich beim Entwurf gedanklich in den späteren Nutzer des Produktes: Wo befinde ich mich aktuell? Wie komme ich zum Ausgangspunkt zurück? Wie kann ich von hier aus weitermachen?

- Gliedern Sie Ihre Informationen so, dass sich horizontal nicht mehr als sieben Screens ergeben, da der Mensch maximal sieben Informationen im Kurzzeitgedächtnis behalten kann (The Magical Number Seven nach Miller).

- Gliedern Sie Ihre Informationen so, dass sich vertikal nicht mehr als drei Ebenen ergeben. Die Startseite wird hierbei nicht als Ebene gezählt. Zu viele Unterebenen verwirren den Nutzer.

- Achten Sie darauf, dass sich Ihre Informationen von oben nach unten verfeinern und nicht umgekehrt.

- Achten Sie auf eine sachlogische und sinnvolle Zuordnung der Inhalte zu den übergeordneten Screens. Bedenken Sie, dass der Nutzer später anhand spärlich beschrifteter Buttons entscheiden muss, welchen Weg er wählt.

- Beziehen Sie beim Entwurf der Navigationsstruktur die Zielgruppe mit ein: Je komplexer eine Navigationsstruktur ist, desto höher sind die Anforderungen an den Nutzer. Überfordern Sie die Zielgruppe nicht durch eine komplexe Navigationsstruktur.

- einen Suchbegriff **B** eingeben (vernetzte Struktur),
- die Artikel **C** lesen, die in linearer Abfolge untereinander angeordnet sind.

Die Anordnung der Informationen in einer Matrix aus Zeilen und Spalten (siehe Grafik links unten) ist insbesondere bei Smartphones sinnvoll, weil diese Geräte ein kleines Display haben und mit dem Finger navigiert wird.

Die Entscheidung für eine bestimmte Navigationsstruktur ist also immer auch davon abhängig, mit welchen Endgeräten eine Website später betrachtet werden wird.

2.4   Navigationselemente

Im vorhergehenden Kapitel haben Sie die Möglichkeiten kennengelernt, wie sich Informationen strukturieren und auf mehrere Screens verteilen lassen. Primäres Ziel war es hierbei, dem Nutzer eine intuitive Bedienung der Webapplikation zu ermöglichen.

In diesem Kapitel geht es darum, wie sich ein Nutzer durch eine digitale Anwendung bewegen kann: Während dies bei allen Printmedien nur durch Umblättern geht, gibt es hierfür im Bereich der digitalen Medien deutlich mehr Möglichkeiten.

Beim Entwurf der Navigationselemente muss zunächst unterschieden werden, ob eine Anwendung „klassisch" mit der Maus/Tastatur bedient wird oder ob – wie bei allen mobilen Endgeräten – ein oder mehrere Finger benutzt werden. Alternativ gibt es die Möglichkeit der Sprach- oder Gestensteuerung. Wird es zukünftig die Steuerung per Gedanken geben?

2.4.1   Maus und Tastatur

Zur Realisierung einer Navigation mit Maus und Tastatur stehen mehrere Möglichkeiten zur Verfügung:

A Textlinks
B Bildlinks
C Schaltflächen (Buttons)
D Menü
E Eingabefeld (Suchfeld)

Jede dieser Möglichkeiten hat Vor- und Nachteile, auf die wie in den nächsten Abschnitten kurz eingehen.

Wie das Beispiel von Freiburg links unten zeigt, werden die genannten Möglichkeiten häufig kombiniert, um dem Nutzer die Entscheidung zu überlassen, wie er navigieren möchte.

Textlinks

Die einfachste Möglichkeit der Navigation bietet die Verwendung von Text. Ein Textlink wird gemäß HTML5-Standard blau und unterstrichen dargestellt. Außerdem ändert sich der Cursor von einem Pfeil in einen zeigenden Finger, so dass der Nutzer erkennt, dass es sich um einen Link handelt.

Aus gestalterischer Sicht wirken blau unterstrichene Links nicht ansprechend, so dass mit CSS3 eine an das Farbkonzept der Site angepasste Formatierung von Textlinks vorgenommen wird. Beachten Sie dabei, dass die Identifikation als Link nach wie vor gewährleistet sein muss, beispielsweise indem die Links in einer anderen Farbe gesetzt und bei Berührung mit der Maus unterstrichen dargestellt werden. Natürlich muss die gewählte Gestaltung durchgängig gleich sein.

Der Hauptvorteil von Textlinks ist, dass die anfallende Datenmenge und damit die Ladezeit minimal ist. Dies ist insbesondere bei der Übertragung auf mobile Endgeräte wichtig, weil hier die Datenrate häufig niedrig ist.

Internetauftritte, die einen möglichst schnellen Benutzerzugriff benötigen, verwenden zur Navigation deshalb Textlinks. Beispiele hierfür sind die

Navigation
Der Webauftritt von Freiburg/Breisgau bietet alle Navigationsmöglichkeiten:
A Textlinks
B Bildlinks
C Schaltflächen
D Menü
E Eingabefeld

Internetportale von eBay, Google oder Wikipedia.

Bei der Formulierung der Textlinks sollten Sie auf eine sinnvolle und aussagekräftige Wortwahl achten. Beurteilen Sie selbst:

- Zur Homepage gelangen Sie hier.
- Hier gelangen Sie zur Startseite.

Während im ersten Beispiel der Link keine inhaltliche Aussage enthält, wird dem Anwender im zweiten Fall auch ohne Lesen des ganzen Satzes das Sprungziel des Links verdeutlicht.

Bildlinks

Bilder spielen im Web eine zentrale Rolle, da mit Bildern eine wesentlich stärke Wirkung erzielt werden kann, als dies mit Text möglich ist. Bei der Betrachtung einer Webseite schauen wir immer zuerst auf die Bilder.

Es liegt deshalb nahe, Bilder mit einem Link zu versehen, um damit beispielsweise einen zugehörigen Text zu verlinken. Beachten Sie aber, dass Bilder eine Barriere darstellen können, z. B. für Blinde. Während Text vorgelesen werden kann, geht dies mit Bildern nicht. Bildlinks sollten deshalb immer nur ergänzend eingesetzt werden.

Schaltflächen (Buttons)

Die Buttons einer Webseite entsprechen den Schaltern oder Tastern, wie sie bei allen Geräten des täglichen Gebrauchs vorzufinden sind: Kaffeemaschine, Fernseher (bzw. Fernbedienung) oder Auto. Ihre Funktion ist die korrekte Bedienung (Steuerung) des jeweiligen Geräts.

Für Buttons auf Webseiten gilt dies auch: Dem Nutzer muss unmissverständlich klar sein, welche Funktion sich hinter einer Schaltfläche verbirgt. Damit dies gelingt, sollten Sie die Grundregeln kennen und beachten, die in der Tabelle zusammengestellt sind.

Gestaltung von Buttonleisten

- Achten Sie darauf, dass Ihre Buttonleiste nicht zu groß wird. Es wäre auch beim Fernsehen störend, wenn die Fernbedienung ständig ein Drittel des Bildes verdeckt.

- Umgekehrt dürfen die Buttons einer Buttonleiste auch nicht so klein sein, dass die Bedienung mit der Maus zur Zielübung wird. Buttons müssen auch von Menschen mit begrenzten feinmotorischen Fähigkeiten sicher bedient werden können.

- Beachten Sie die Anzahl an Buttons: Unser Gehirn kann maximal sieben Elemente auf einen Blick erfassen. Wird diese Zahl überschritten, benötigt der Nutzer deutlich länger zur Erfassung des Inhalts.

- Achten Sie auf eine optisch klare Trennung von Navigation und Inhalt (Content). Der Nutzer muss diesen Unterschied auf den ersten Blick erkennen.

- Wählen Sie eine kurze, unmissverständliche Wortwahl für Ihre Buttons. Beachten Sie, dass bei deutscher Beschriftung Ihre Site auch nur im deutschsprachigen Raum verstanden wird. Internationale Sites müssen eine Sprachauswahl ermöglichen.

- Eine Alternative zur textuellen Beschriftung von Buttons bietet die Verwendung von Icons (siehe Seite 81). Achten Sie darauf, dass Icons selbsterklärend sind, oder blenden Sie zusätzlich einen Text ein, wenn der Button mit der Maus berührt wird.

- Geben Sie dem Nutzer eine Rückmeldung (visuelles Feedback) über sein Tun: Beim Berühren eines Buttons mit der Maus sollte sich dieser optisch ändern. Ein angeklickter Button muss sich optisch von den anderen unterscheiden.

- Achten Sie darauf, dass die Buttonleiste unabhängig von der Größe des Browserfensters immer sichtbar sein muss. Die Navigationselemente bei Webseiten befinden sich deshalb bevorzugt links und/oder oben, bei mobilen Geräten auch oft am unteren Rand.

- Die Barrierefreiheit schreibt vor, dass auch Menschen mit Behinderung einen Zugang zu Webseiten haben müssen. Es muss in jedem Fall auch eine Bedienung ohne Maus per Tastatur oder Sprache möglich sein.

- Rechteckige Standardbuttons sind langweilig! Gelingt Ihnen ein „Hingucker" durch eine besondere Gestaltung Ihrer Buttonleiste?

- Kiss (Keep it small and simple)

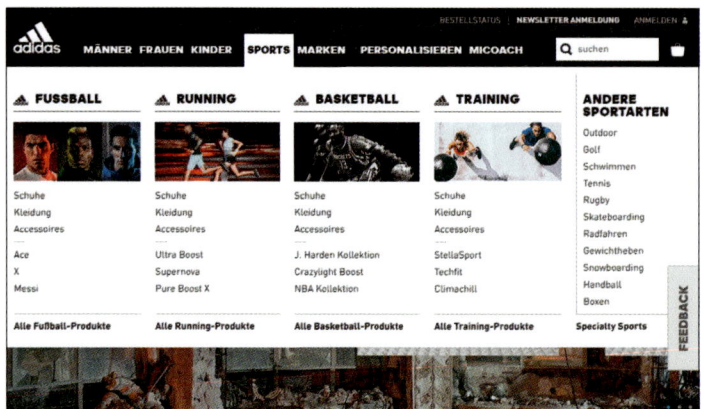

Menü

Durch Menüs lassen sich viele Unterseiten in übersichtlicher Form verlinken.

Adidas verwendet sehr gut gestaltete Menüs, die sogar Fotos enthalten.

Menü

Größere Websites, Internetportale oder Shopsysteme bestehen aus sehr vielen Screens. Die Buttonleiste würde viel Platz beanspruchen und wäre optisch nicht ansprechend. Abhilfe schafft in diesem Fall eine Menüführung. Die Bedienung eines Menüs ist allen Computernutzern vertraut, da sich sämtliche Programme dieser Technik bedienen. Sie lassen sich ohne zusätzliche Erklärungen auch auf Webseiten nutzen.

Der wesentliche Vorteil eines Menüs besteht darin, dass sich sehr viele Informationen bzw. Links darin unterbringen lassen, die erst bei Bedarf, d.h. bei Berührung des Oberbegriffs mit der Maus, sichtbar werden. Eine Menüführung eignet sich damit auch für Geräte mit kleinen Displays.

Technisch lassen sich Menüs z.B. mittels CSS3 oder JavaScript erstellen.

Eingabefeld (Suchfeld)

Ein Eingabefeld für Suchbegriffe befindet sich mittlerweile auf allen größeren Webauftritten. Den richtigen Suchbegriff vorausgesetzt, führt diese Art der Navigation schnellstmöglich zum Ziel. Unerfahrene Nutzer sind durch eine Texteingabe hingegen schnell überfor-

dert: Bei fehlerhafter oder unpräziser Eingabe der Suchbegriffe führen die Ergebnisse in eine Sackgasse und lenken den Nutzer vom ursprünglich gesuchten Ziel ab. Ein Eingabefeld sollten Sie deshalb nur als Ergänzung zu einer Buttonleiste oder zu einem Menü vorsehen, so dass der Nutzer die Entscheidung selbst treffen kann, ob er das Suchfeld oder die Buttonleiste nutzen möchte.

Eine Suchfunktion ist nur möglich, wenn die technischen Rahmenbedingungen (Datenbankanbindung mit Volltextsuche) erfüllt sind. Hier müssen Sie sich im Vorfeld bei Ihren Kollegen von der Technik erkundigen.

2.4.2 Touchscreen

Gemeinsames Merkmal aller mobiler Endgeräte ist, dass sie einen Touchscreen besitzen, der mit einem oder mehreren Fingern bedient wird. Dies bringt einige Besonderheiten mit sich, die Sie beim Entwurf der Navigationselemente beachten müssen.

Während man mit einer Maus eine Fläche von einem Pixel anklicken kann, ist dies mit der sehr viel größeren Fingerkuppe nicht möglich. Damit auch ungeübte Nutzer einen Button mit dem Finger bedienen können, ist dafür eine Fläche von etwa einem Quadratzentimeter (1 cm²) erforderlich. Dies entspricht ungefähr der Fläche einer Taste auf einer Tastatur. Außerdem muss dem Nutzer beim Antippen eine visuelle Rückmeldung gegeben werden. Dies kann eine kurzzeitige Farb- oder Größenänderung der Schaltfläche sein.

Auch wenn viele User beim Schreiben mit einem oder zwei Fingern eine erstaunliche Geschwindigkeit erreichen, ist dies mit dem Zehn-Finger-System auf herkömmlichen Tastaturen nicht vergleichbar. Wenn wir von Benutzerfreundlichkeit (Usability) sprechen, so ist das Schreiben auf kleinen Displays nicht gut gelöst. Im Umkehrschluss heißt dies: Beim Entwurf einer Navigation von Webanwendungen für mobile Geräte sollte auf das Schreiben so weit wie möglich verzichtet werden.

Dennoch lassen sich auch mit Fingern durchaus unterschiedliche Navigations- und Steuermöglichkeiten realisieren:

- *Touch*
  Berührung mit einem Finger
  – entspricht dem Mausklick
- *DoubleTouch*
  Doppeltes Antippen mit einem Finger
  – entspricht dem Doppelklick
- *LongTouch*
  Längeres Berühren mit einem Finger
  – kann genutzt werden, um einen Rechtsklick zu simulieren

- *Scroll*
  Senkrechten Ziehen des Fingers – entspricht dem Scrollrad der Maus
- *Swipe*
  Horizontales Ziehen des Fingers – entspricht dem Blättern im Buch
- *Pinch*
  Zwei Finger bewegen sich auseinander oder zusammen, realisiert die Zoomfunktion
- *Rotate*
  Zwei Finger bewegen sich kreisförmig, um ein Element zu drehen.

Bei iOS gibt es noch weitere Möglichkeiten mit mehr als zwei Fingern, auf die wir hier nicht eingehen.

In der Grafik finden Sie eine Auswahl von Navigationsmöglichkeiten, die eine gewisse Verbreitung erlangt haben. Aber vielleicht haben Sie ja noch bessere Ideen für eine mobile Navigation.

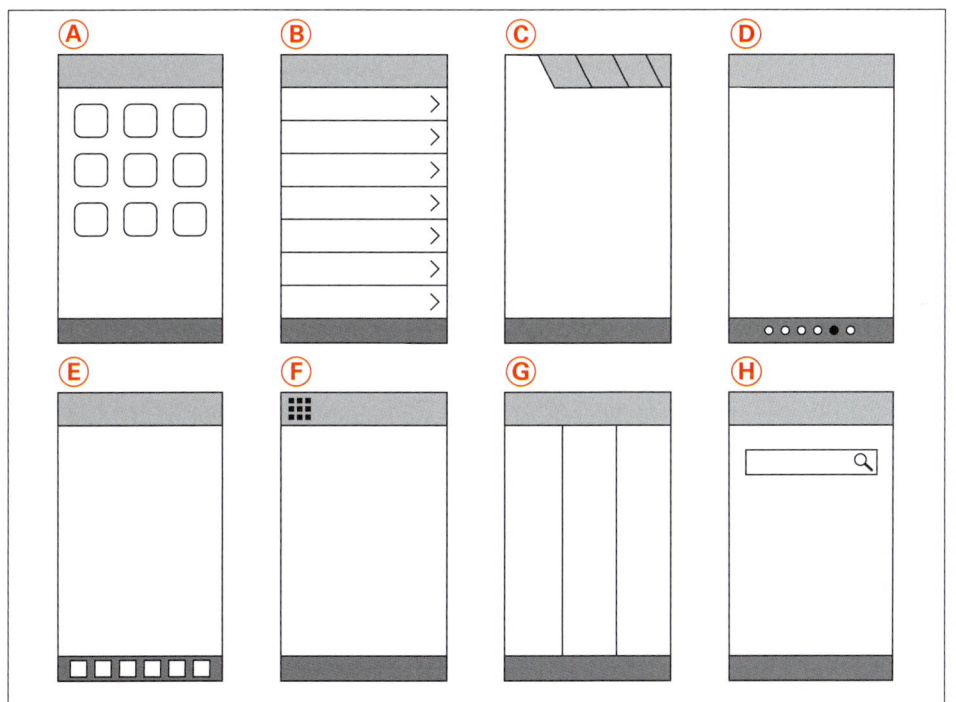

Navigationselemente

Die kleinen Abmessungen mobiler Endgeräte und die Bedienung mit dem Finger machen andere Navigationselemente erforderlich, als Sie dies vom Laptop oder Desktop-PC kennen:

A Icons
B Balken
C Reiter
D Karussell
E Toolbar
F Menü
G Shoji
H Suchfeld

29

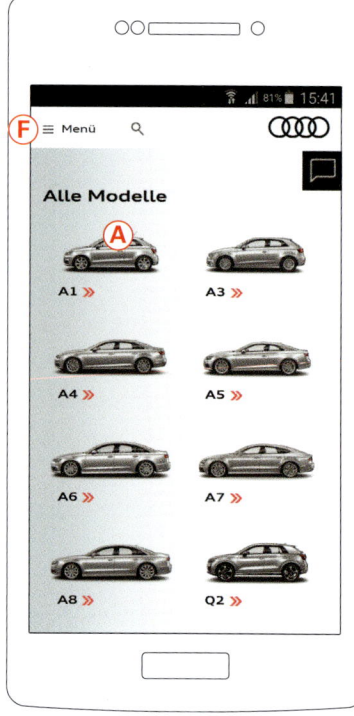

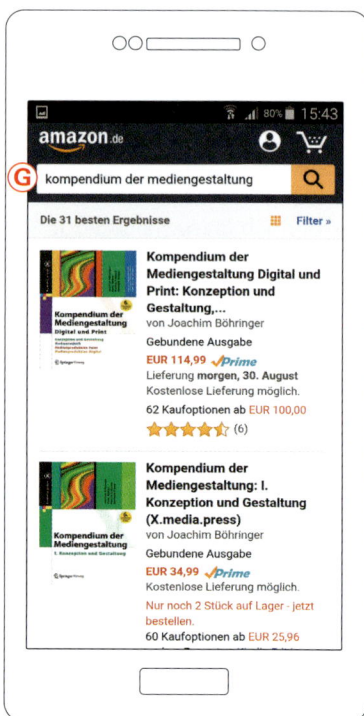

Icons A

Icons sind Computernutzern bekannt, seit es grafische Oberflächen gibt. Ihre Bedienung ist einfach, der Doppelklick der Maus wird durch das Antippen mit dem Finger ersetzt. Damit die Icon-Navigation funktioniert, muss die hinter dem Icon verborgene Funktion eindeutig erkennbar sein. Je abstrakter die grafische Darstellung ist, umso schwieriger wird dies. Unter der Grafik wird die Bedeutung deshalb oft zusätzlich in verbaler Form beschrieben. Mehr hierzu finden Sie im Band *Zeichen und Grafik* und in diesem Band auf Seite 81. Ein Nachteil von Icons ist, dass sie nach dem Antippen nicht mehr sichtbar sind. Der Nutzer muss zur Startseite zurückkehren, bevor er ein anderes Icon antippen kann.

Balken B

Smartphones werden üblicherweise in senkrechter Position gehalten. Aus diesem Grund bietet es sich an, die Navigationselemente untereinander anzuordnen. Ein Pfeil am rechten Rand weist darauf hin, dass weitere Informationen verfügbar sind. Auch hier besteht der Nachteil, dass zunächst eine Rückkehr zur Startseite erfolgen muss, bevor der Nutzer eine andere Schaltfläche antippen kann.

Reiter C

Reiter bezeichnen die kleinen Schilder zur Beschriftung von Akten in Hängeregistern. Diese Metapher wurde schon zu Beginn der grafischen Benutzeroberflächen auf den Bildschirm übernommen – Verzeichnisse werden bis heute als Aktenmappen dargestellt. Der Vorteil der Navigation mittels Reiter ist, dass diese immer sichtbar bleiben und damit sofort zu einem anderen Thema navigiert werden kann.

Karussell D

Das Karussell macht sich die Eigenschaft zunutze, dass mit dem Finger sehr einfach horizontale Wischbewegungen ausgeführt werden können. Dies entspricht dem Umblättern einer Buchseite. Die Technik eignet sich ideal zum Betrachten von Bildern, kann aber auch zur Navigation auf Webseiten genutzt werden. Durch kleine Kreise kann dem Nutzer symbolisiert werden, wo er sich befindet. Die Anzahl der Punkte gibt hierbei in der Regel die Anzahl der Screens bzw. Bilder an. Der Nachteil dabei ist, dass der Nutzer das Thema nicht erkennen kann.

Toolbar E

Der untere Displayrand wird häufig für eine sogenannte Toolbar (dt.: Werkzeugleiste) reserviert. Für die Elemente der Toolbar werden üblicherweise Grafiken (Icons) verwendet. Die Toolbar zeigt Themen, die immer sichtbar bleiben sollen, beispielsweise die Hauptnavigation. Bei Apps dient die Toolbar auch oft dazu, um die gewünschten Einstellungen in der Software vorzunehmen. Auch bei Betriebssystemen wird mit einer Toolbar gearbeitet.

Das Positionieren der Navigation am unteren Rand eines (senkrecht gehaltenen) Smartphones hat den Vorteil, dass die Icons wesentlich besser mit dem Daumen erreicht werden, mit dem diese Geräte in der Regel bedient werden. Sie erkennen an diesem Beispiel, dass beim Entwurf einer Navigation auch ergonomische Aspekte berücksichtigt werden müssen.

Menü F

Menüs bieten den Vorteil, dass sich viele Unterpunkte hinter einer einzigen Schaltfläche verbergen lassen. Hierdurch wird Platz gespart. Menüs kombinieren somit den Vorteil von Icons mit dem der Toolbar. Die symbolische Darstellung eines Menüs erfolgt durch waagrechte Balken oder kleine Quadrate.

Shoji G

Der Begriff bezeichnet die in Japan traditionell verwendeten verschiebbaren Raumteiler. Übertragen auf Software erfolgt bei Shoji die Navigation wie beim Karussell mit einer horizontalen Wischbewegung des Fingers.

Eingabefeld (Suchfeld) H

Das Antippen des Suchfelds blendet die Tastatur ein, so dass danach Suchbegriffe eingegeben werden können. Vor allem die großen Portale wie Amazon, eBay oder YouTube kommen ohne Suchfeld nicht aus, weil das Sortiment riesig ist.

Doch ist, wie bereits erwähnt, das Tippen auf einer kleinen, virtuellen Tastatur für ungeübte Nutzer eine Herausforderung.

Sprachsteuerung

Immer häufiger lassen sich mobile Webanwendungen mit Hilfe der Sprache steuern. An Software zur Spracherkennung wird seit Jahren intensiv geforscht und heutige Programme „verstehen" bereits ziemlich gut, was der Nutzer sagen will.

Der Hauptvorteil ist, dass Spracheingaben im Vergleich zur Eingabe per Tastatur deutlich schneller gehen und dass der Nutzer die Sprache zwar sprechen, aber nicht schreiben können muss. Ein weiterer Vorteil, z. B. bei

Ergonomie der Hand
Mobile Endgeräte werden mit einer oder zwei Händen gehalten. Wichtige Elemente sollten bequem erreicht werden können.

Navigationssystemen im Auto, ist, dass beide Hände frei sind.

Einen wesentlichen Nachteil hat die Sprachsteuerung: Das Umfeld des Nutzers fühlt sich gestört. Stellen Sie sich vor, dass in einem Bus oder Zug zwanzig Menschen ihr Smartphone gleichzeitig per Sprache bedienen.

2.4.3 Navigationshilfen

Für die Generation der unter 30-Jährigen mag der Umgang mit mobilen Endgeräten eine Selbstverständlichkeit sein. Dies gilt jedoch nicht für alle. Vor allem ältere Menschen oder Menschen, die unter einer körperlichen oder geistigen Einschränkung leiden, brauchen Bedienungshilfen.

Breadcrumb-Navigation

Wo bin ich? Bei größeren Sites sollte der Nutzer ständig darüber informiert sein, in welchem „Ast" der Baumstruktur er sich aktuell befindet. Dies ist möglich, indem der zugehörige Pfad von der „Wurzel" bis zum aktuellen Ast jeder Unterseite angezeigt wird. Im Englischen gibt es hierfür den Begriff Breadcrumb-Navigation (dt.: Brotkru-

Breadcrumb-Navigation

Die Navigationshilfe ermöglicht die Rückkehr in eine übergeordnete Ebene durch Anklicken oder -tippen der Links **A**.

men). Hierbei wird an das Märchen „Hänsel und Gretel" erinnert, in dem die Kinder mit Hilfe von gestreuten Brotkrumen den Weg nach Hause finden wollten. Die „Breadcrumbs" werden nicht nur angezeigt, sondern sind als Link realisiert **A**, so dass die Rückkehr zu einem übergeordneten Kapitel direkt per Mausklick möglich ist.

Visuelles Feedback

Nicht immer sind Text- oder Bildlinks als Links erkennbar. Aus diesem Grund ist es wichtig, dass der Nutzer eine visuelle Rückmeldung bekommt, dass er sich auf einer Schaltfläche befindet. Es kann sich dabei im einfachsten Fall um eine Farbänderung handeln, alternativ lassen sich mit CSS3 oder JavaScript ansprechende Animationen erstellen, wenn der Nutzer eine Schaltfläche mit der Maus oder mit dem Finger berührt.

Akustisches Feedback

Alternativ oder zusätzlich zur visuellen Rückmeldung ist es möglich, dem Nutzer durch ein kurzes Tonsignal zu signalisieren, dass er auf einen Link geklickt oder getippt hat.

Sitemap

Für Menschen, die mit Printmedien aufgewachsen sind, bieten sich Hilfen an, die es bei gedruckten Medien auch gibt. Bei einer Sitemap handelt es sich um ein digitales Inhaltsverzeichnis der Webanwendung. Zusätzlich oder alternativ kann ein digitaler Index realisiert werden, der die Inhalte in alphabetischer Reihenfolge auflistet.

Der Vorteil gegenüber einem gedruckten Inhaltsverzeichnis oder Index besteht darin, dass alle Stichwörter verlinkt sind und der Nutzer dadurch direkt an die gewünschte Stelle navigieren kann.

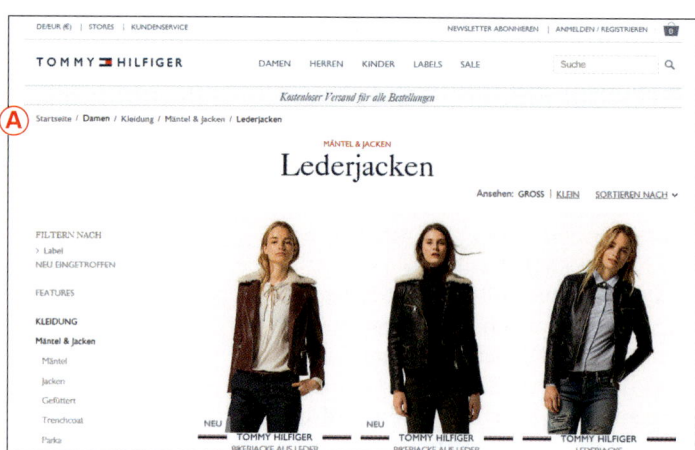

2.5 Interaktionsdesign

2.5.1 Begriffsbestimmung

Interaktive Produkte gestatten es dem Nutzer, selbst tätig ("aktiv") zu werden. Die Tätigkeit findet zwischen ("inter") Nutzer und Produkt statt. Die Benutzeroberfläche stellt die hierfür benötigten Komponenten zur Verfügung, z. B. Links, Eingabefelder, Formulare.

Im Unterschied zu Printmedien, wo Interaktion praktisch nicht realisierbar ist, bieten sich im Bereich der Digitalmedien zahllose Möglichkeiten. Der Nutzer wird zum Akteur und verlässt seine passive Rolle. Einer der Gründe für die Erfolgsstory des "Web 2.0".

Die Industrie hat dieses Potenzial längst erkannt, so dass sämtliche Branchen an diesem "Milliardengeschäft" teilhaben wollen:

- *Unterhaltung*
  Online-Spiele, Videos, Musik, …
- *Bildung*
  Lernvideos, Tutorials, MOOCs[1] …
- *Information*
  Wikis, Blogs, Kurznachrichten, …
- *Kommunikation*
  Communitys, Foren, Chats, …
- *Werbung*
  Werbebanner, Werbeanzeigen, …
- *Verkauf*
  Webshops, eBay, Amazon, …

2.5.2 Interaktionsformen

Bei den Formen der Interaktion wird zwischen asynchroner und synchroner Interaktion unterschieden.

Asynchrone Interaktion

Der Begriff asynchrone Interaktion oder Kommunikation bedeutet, dass Sender und Empfänger nicht gleichzeitig, son-

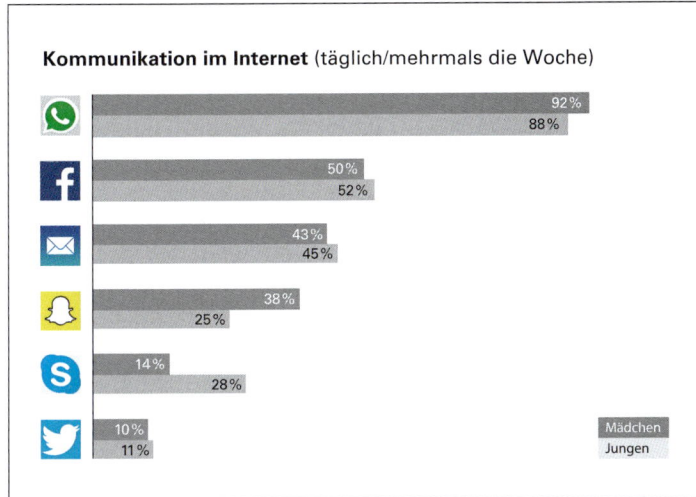

Kommunikation im Internet (täglich/mehrmals die Woche)

- WhatsApp: 92 % / 88 %
- Facebook: 50 % / 52 %
- E-Mail: 43 % / 45 %
- Snapchat: 38 % / 25 %
- Skype: 14 % / 28 %
- Twitter: 10 % / 11 %

Mädchen
Jungen

dern zeitversetzt handeln können. Dies bringt den Vorteil, dass jeder Teilnehmer entscheiden kann, wann und ob er an der Interaktion teilnehmen will. Ein wesentlicher Nachteil besteht in der Unsicherheit: Hat meine Nachricht den Empfänger erreicht? Hat er sie gelesen? Warum erhalte ich keine Antwort?

Die wichtigsten Formen der asynchronen Kommunikation sind:

- *E-Mail*
  Durch WhatsApp und Facebook haben E-Mails zumindest bei der jüngeren Generation an Bedeutung verloren. Im geschäftlichen Bereich sind E-Mails neben dem Telefon (noch) das wichtigste Kommunikationsmedium.
- *Posts*
  Das Schreiben von Beiträgen in Webforen, Blogs oder sozialen Netzwerken wird als "posten" (von to post, dt.: etwas abschicken) bezeichnet. Wichtigster Dienst mit rund einer Milliarde Nutzern ist Facebook. Aufgrund der riesigen Verbreitung von Facebook kann es sich keine namhafte Firma leisten, auf einen Facebook-Account zu verzichten.

Asynchrone Kommunikation

Von oben nach unten:
- WhatsApp
- Facebook
- E-Mail
- Snapchat
- Skype
- Twitter

Quelle: JIM-Studie 2015, befragt wurden 1.200 Jugendliche im Alter zwischen 12 und 19 Jahre.

---

1 Massive Open Online Course: kostenlose Onlinekurse, die z. B. an Hochschulen angeboten werden.

- *Tweets*
  Tweets (von to tweet, dt.: zwitschern) sind Kurzbeiträge von maximal 140 Zeichen, die bei Twitter abgesetzt werden. Die Bedeutung von Twitter ist derzeit rückläufig.
- *SMS*
  Auch das „Simsen" hat wegen der großen Verbreitung von WhatsApp an Bedeutung verloren, dennoch wurden im Jahr 2015 in Deutschland 16,6 Mrd. SMS verschickt, statistisch rund 200 SMS pro Einwohner. SMS werden auch von Firmen genutzt, z. B. zur Übermittlung von TANs beim Online-Banking.
- *WhatsApp*
  Auch WhatsApp wurde wie Facebook zur Erfolgsstory mit mittlerweile über einer Milliarde Nutzer, die den Dienst überwiegend im privaten Bereich nutzen. Es gibt jedoch auch immer mehr Firmen, die sich die Vorteile dieser App zunutze machen.

Synchrone Interaktion

Bei der synchronen Interaktion oder Kommunikation müssen alle Beteiligten *gleichzeitig* online sein. Dies ist aus technischer Sicht fast kein Problem mehr, weil die meisten Internetnutzer mittlerweile ständig mit dem Internet verbunden sind.

Der wesentliche Vorteil dieser Kommunikationsform besteht darin, dass Informationen ohne zeitliche Verzögerung ausgetauscht werden können. Dagegen spricht, dass es ein unpassender Zeitpunkt sein kann, zu dem sich der Anfragende meldet. Die aktuelle Tätigkeit muss unterbrochen werden, und dies kann lästig sein. Synchrone Interaktionsformen sind:

- *Chats*
  WhatsApp wird, obwohl dies ja nicht erforderlich wäre, von vielen als Chat-

Programm genutzt. Auf Meldungen wird sofort reagiert und geantwortet. Auch Firmen nutzen Chats, z. B., um Kunden in einem Live-Dialog Hilfe anzubieten. Das Beispiel oben zeigt die Website von Audi, auf der zwischen Chat oder Videotelefonie gewählt werden kann.
- *(Video-)Telefonie*
  Die Datenleitungen des Internets lassen sich auch zur Übertragung von Sprach- und Videosignalen nutzen. Internettelefonie (VoIP, Voice over IP) bietet den Vorteil, dass sie kostenlos und weltweit möglich ist.

2.5.3 Formulare

Ob Sie E-Mails schreiben, posten, twittern, simsen oder whatsappen – Formulare, und hierzu zählen auch einzelne Eingabefelder für Text, bilden immer die Schnittstelle zwischen Mensch und Produkt. Sie sind Voraussetzung für alle genannten Interaktionsformen mit Ausnahme der Telefonie.

Formulardesign ist damit ein wichtiger Bestandteil des Webdesigns. Die Struktur und Logik eines gelungenen Formulars müssen sich dem Nutzer intuitiv ohne zusätzliche Erklärungen erschließen. Ziel des Formulardesigns muss es auch sein, dass keine Irrtümer oder Fehleingaben passieren. Formulare sind so zu gestalten, dass sie auch von Menschen mit Einschränkung oder Behinderung bedienbar sind. Insbesondere muss die Nutzung ohne Maus, also ausschließlich mittels Tastatur oder per Spracheingabe, möglich sein.

An einem konkreten Beispiel sehen Sie typische Fehler und Verbesserungsmöglichkeiten.

„Schlechtes" Formular

Der Screenshot links zeigt ein Formular, das etliche Mängel aufweist:

- Zu geringer Kontrast zwischen Eingabefelder und Hintergrund, Menschen mit eingeschränkter Sehfähigkeit haben Schwierigkeiten, die Formularfelder zu erkennen.
- Fehlende optische Abgrenzung des Formulars vom Hintergrund.
- Falsche Reihenfolge der Eingabefelder – Formulare werden üblicherweise zeilenweise von oben nach unten ausgefüllt.
- Unterschiedliche Abstände zwischen Beschreibungstext und Eingabefeld.
- Einheitliche Größe der Eingabefelder, obwohl Postleitzahlen immer fünfstellig sind und Hausnummern nicht mehr als vier bis fünf Stellen benötigen.
- Unklare Form der Dateneingabe, z. B. beim Geburtsdatum: 01.05.1990, 01.05.90, 1.5.90, 1. Mai 1990 …? Eine automatische Auswertung der Daten wird somit erschwert bzw. unmöglich.
- Das Sternchen (*) zur Angabe der Pflichteingaben kann leicht vom Nutzer übersehen werden.

„Gutes" Formular

Im Formular rechts wurden die beschriebenen Mängel behoben. Das Formular ist benutzerfreundlich gestaltet und barrierefrei, kann also auch von Menschen mit Einschränkung oder Behinderung beispielsweise ohne Maus bedient werden.

Formulardesign

Obwohl das linke Formular auf den ersten Blick in Ordnung scheint, enthält es etliche Mängel (siehe Text). Rechts eine verbesserte Version, die auch die Anforderungen an Benutzerfreundlichkeit und Barrierefreiheit erfüllt.

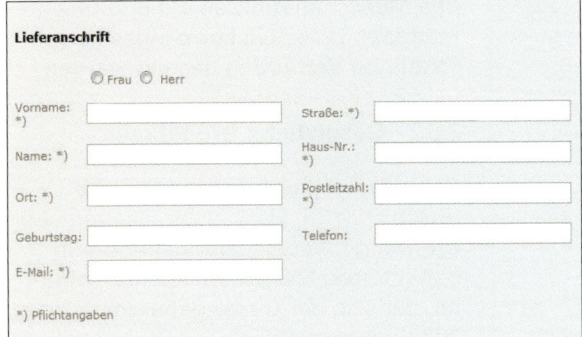

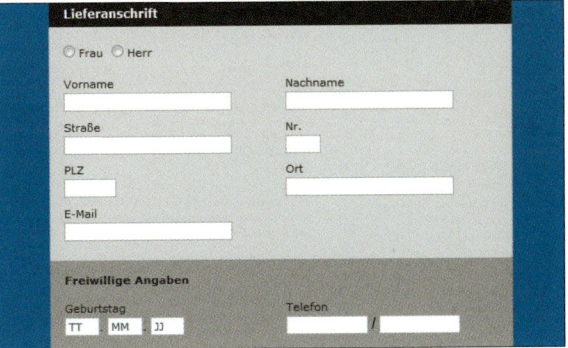

2.6 Barrierefreies Webdesign

2.6.1 Begriffsbestimmung

Eine „Barriere" ist eine Schranke oder Sperre, die den ungehinderten Zugang zu einem bestimmten Ort oder einer Sache verhindert. Im Kontext dieses Kapitels verhindern Barrieren den ungehinderten Zugang ins Internet für Menschen mit Einschränkung. Dies sind

- Blinde, die einen sogenannten Screenreader benötigen, der den Sei-

teninhalt in eine Brailleschrift (Blindenschrift) umsetzt oder vorliest,

- Menschen mit Sehbehinderung, die Lesehilfen benötigen, z. B. zur Vergrößerung des Textes,
- Farbenfehlsichtige/-blinde, die kontrastreiche, farbfreie Texte brauchen,
- Menschen mit motorischen Einschränkungen, denen z. B. die Bedienung einer Maus nicht möglich ist,
- Menschen mit einschränkten geistigen Fähigkeiten, die z. B. Texte in einfacher Sprache benötigen.

Barrierefreie Webseiten müssen so konzipiert und gestaltet werden, dass Menschen mit Behinderungen ein Zugang ermöglicht wird. Dabei genügt es nicht, einige „kosmetische" Änderungen des Internetauftritts vorzunehmen.

Barrierefreies Webdesign beginnt bei der Konzeption einer Site, beispielsweise durch konsequente Trennung von Inhalt (Content) und Struktur (Design). Auf das Layouten mit unsichtbaren Tabellen oder feste Schriftgrößen muss verzichtet werden. Einschränkungen gibt es auch bei Zusatztechnologien wie Flash oder JavaScript.

Falsch ist hingegen die Annahme, dass barrierefreie Webseiten keine Bilder enthalten dürfen. Die Kombination von Text und Bild ist bei visuellen Medien wie dem World Wide Web unerlässlich. Sehbehinderten oder blinden Menschen müssen die Bildinformationen jedoch in Form eines kurzen Textes zur Verfügung gestellt werden.

2.6.2 Gesetzliche Grundlagen

Behindertengleichstellungsgesetz (BGG)
Die weitgehende Gleichstellung von behinderten Menschen ist eine Aufgabe, der sich der Gesetzgeber im Jahr 2002 mit dem *Gesetz zur Gleichstellung*

Barrierefreies Webdesign

Die Website www.barrierefreies-webdesign. de bietet umfassende Informationen zum Thema.

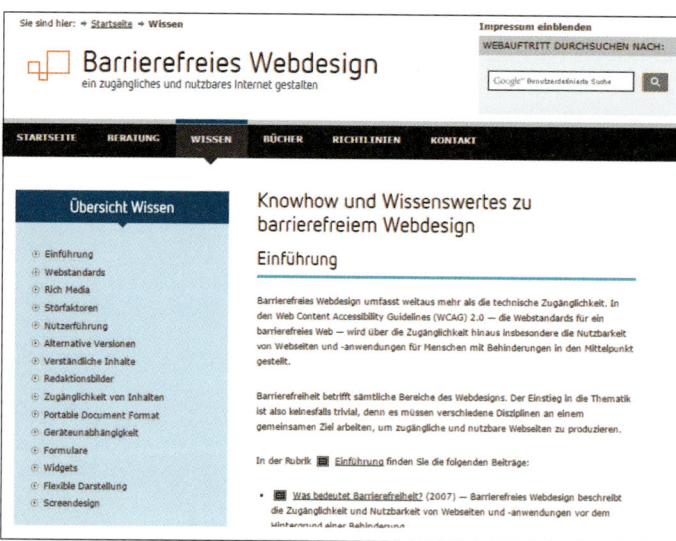

BITV im Überblick

1. Für Bilder, Sounds und Videos müssen äquivalente Alternativen zur Verfügung gestellt werden, z. B. Alternativtexte für Grafiken, Untertitel bei Sound und Video.

2. Texte, Bilder und Grafiken müssen für Fehlsichtige deutlich – auch ohne Farben – erkennbar sein.

3. HTML5 und CSS3 sind gemäß ihrer Spezifikation zu verwenden: HTML5 dient hierbei zur formalen Beschreibung der Inhalte, CSS3 zur Gestaltung und Formatierung der Seiten.

4. Sprachliche Besonderheiten wie Abkürzungen oder Sprachwechsel müssen kenntlich gemacht werden.

5. Tabellen dürfen nur zur Darstellung tabellarischer Daten verwendet werden, nicht zum Layouten der Seiten.

6. Internetangebote müssen weitgehend browserunabhängig nutzbar sein, also ohne Plug-ins, JavaScript, Applets usw.

7. „Zeitgesteuerte" Inhalte müssen durch den Nutzer kontrollierbar sein. Keine automatische Aktualisierung, Weiterleitung u. Ä.

8. Der Zugriff auf Benutzerschnittstellen, z. B. zur Datenbankanbindung, muss behindertengerecht möglich sein.

9. Der gesamte Funktionsumfang eines Internetauftritts muss unabhängig vom Ein- oder Ausgabegerät genutzt werden können, z. B. durch Navigation per Tastatur statt mit der Maus.

10. Das Internetangebot muss auch mit älterer Software nutzbar sein, z. B. durch Verzicht auf Funktionen, die nur die neuesten Browserversionen umsetzen können.

11. Alle zur Erstellung der Webseite verwendeten Technologien müssen vollständig dokumentiert sein.

12. Dem Nutzer müssen Orientierungshilfen zur Verfügung gestellt werden.

13. Die Navigation muss übersichtlich und nachvollziehbar sein, z. B. durch Angabe der Hyperlink-Ziele, Sitemaps, Suchfunktionen.

14. Für das erleichterte Verständnis der Inhalte müssen geeignete Maßnahmen getroffen werden, z. B. einfache, klare Sprache.

Barrierefreie Informationstechnik-Verordnung

Die BITV regelt in 14 Punkten, was unter Barrierefreiheit zu verstehen ist.

behinderter Menschen (oder: Behindertengleichstellungsgesetz, BGG) angenommen hat. Dort ist Barrierefreiheit folgendermaßen definiert:

§ 4 Barrierefreiheit
Barrierefrei sind bauliche und sonstige Anlagen, Verkehrsmittel, technische Gebrauchsgegenstände, Systeme der Informationsverarbeitung, akustische und visuelle Informationsquellen und Kommunikationseinrichtungen sowie andere gestaltete Lebensbereiche, wenn sie für Menschen mit Behinderungen in der allgemein üblichen Weise, ohne besondere Erschwernis und grundsätzlich ohne fremde Hilfe auffindbar, zugänglich und nutzbar sind. Hierbei ist die Nutzung behinderungsbedingt notwendiger Hilfsmittel zulässig.

Barrierefreie Informationstechnik-Verordnung (BITV)
Speziell für Internetauftritte gibt es, ebenfalls seit dem Jahr 2002, die *Barrierefreie Informationstechnik-Verordnung*, kurz BITV. Dieses regelt in vierzehn Punkten, was unter Barrierefreiheit zu verstehen ist (siehe Kasten oben). Für Internetauftritte von Behörden und anderen öffentlichen Einrichtungen ist das Gesetz bindend – ihre Webauftritte müssen seit dem 01.01.2006 barrierefrei sein.

Die Vorlage für die BITV kommt, wie so vieles im Bereich Internet, vom amerikanischen W3C-Internetkonsortium und trägt die Bezeichnung *Web Content Accessibility Guidelines*, kurz WCAG. Seit 2008 liegen die WCAG in der Version 2.0 vor, die auch andere Webtechnologien, wie zum Beispiel Flash, einbezieht.

Es versteht sich von selbst, dass Sie
Barrierefreiheit als Webentwickler/-in
zu Ihrem Thema machen müssen, auch
wenn es sich nicht um einen öffentlichen Auftrag handelt, der die Einhal-
tung der Regeln zwingend erfordert. Die
Vorgaben zur Barrierefreiheit sind kein
Widerspruch, sondern lediglich eine
Ergänzung der Regeln, die Sie ohnehin
einhalten sollten.

2.6.3 Maßnahmen gegen Barrieren

Wer barrierefreie Webseiten erstellen
will, muss diese von Menschen testen
lassen, die mit Einschränkungen leben,
beispielsweise durch einen Blinden.
Wenn dies nicht möglich ist, dann
sollten Sie sich zumindest so gut wie
möglich in die Lage dieser Menschen
versetzen und Ihre Seiten selbst testen.
Beispiele hierfür sind:

- Installieren Sie einen Screenreader,
  den Sie z. B. unter http://einfach-
  surfen.sozialnetz-service.de (siehe
  Screenshot) finden. Lassen Sie sich
  den Inhalt von Webseiten vorlesen.
  Schließen Sie dabei die Augen. Wie
  fühlt sich das „Anhören" einer Webseite an?

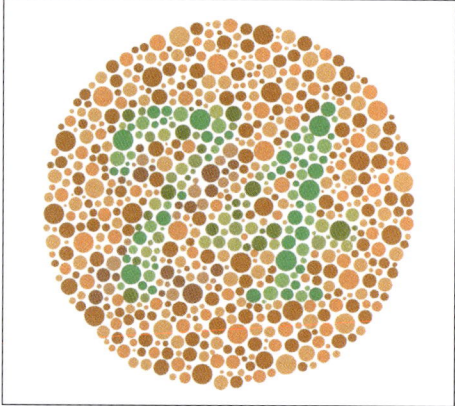

Ishihara-Farbtafel

- Testen Sie mit Hilfe der sogenannten
  Ishihara-Tafeln, ob Sie eine Rotschwäche (Protanopie) oder Grünschwäche
  (Deuteranopie) haben. Welche Zahl
  sehen Sie oben?
- Simulieren Sie verschiedene Sehbe-
  hinderungen, z. B. unter http://www.
  pro-retina.de/simulation.
- Versuchen Sie, eine Webseite ausschließlich mit der Tastatur, also ohne
  Maus, zu bedienen?

Blindheit / Sehbehinderung
Blinde oder sehbehinderte Menschen
sind darauf angewiesen, dass ihnen
der Inhalt einer Webseite durch einen
Screenreader vorgelesen oder zeilenweise in Blindenschrift (Braillezeile)
umgesetzt wird. Für die Konzeption von
Webseiten folgt daraus:

- *Trennung von Content und Design*
  Diese Forderung gilt – wie auf Seite
  13 beschrieben – generell für Webdesign, für barrierefreie Webseiten ist
  sie jedoch besonders wichtig. Grund
  ist, dass der Screenreader oder die
  Braillezeile ausschließlich den Inhalt
  (Content) wiedergeben sollen, alle
  Angaben zur Gestaltung und Formatierung sind nicht von Bedeutung.

- *Bilder, Grafiken*
Für die grafischen Elemente der Webseite muss (mit `alt` im `<img>`-Tag) eine kurze Beschreibung des Inhalts ergänzt werden, damit sich ein Nutzer vorstellen kann, was auf dem Bild zu sehen ist. Dies trifft nicht zu, wenn Bilder oder Grafiken einen rein schmückenden Charakter haben.

- *Links*
Damit Bild- oder Textlinks bedient werden können, muss klar sein, wohin sie führen und wie sie bedient werden können. Der Hinweis „hier klicken" ist nicht aussagekräftig. Zur mauslosen Bedienung sieht HTML5 das Attribut `accesskey` vor, mit dem Tastenkürzel definiert werden können.

- *Schrift/Schriftgröße*
Eine gut lesbare Schrift sowie ein hoher Kontrast zwischen Schrift und Hintergrund sind für die Lesbarkeit entscheidend. Weiterhin muss die Schriftgröße durch den Nutzer selbst wählbar sein. Dies ist zwar grundsätzlich auch in jedem Browser möglich, besser ist es jedoch, wenn der Nutzer die Schriftgröße direkt auf der Webseite wählen kann.

- *Texte*
Texte sind so zu verfassen, dass das Vorlesen einen möglichst sinnvollen Text ergibt. Damit der Inhalt verstanden werden kann, muss die semantische Struktur der Webseite durch geeignete HTML5-Elemente beschrieben werden, z.B. Kopfbereich, Fußbereich, Navigation, Überschriften, Absätze usw.

- *Akronyme* (Kunstwörter aus mehreren Anfangsbuchstaben wie HTML), *Abkürzungen* und *Anglizismen* (eingedeutschte englische Begriffe) müssen gekennzeichnet und erklärt werden, da sie eventuell nicht korrekt vorgelesen werden.

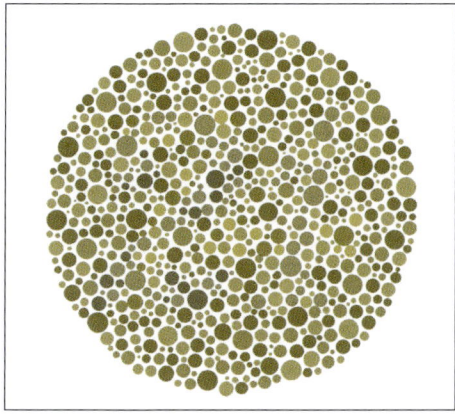

Ishihara-Farbtafel bei Farbenfehlsichtigkeit

Farbenfehlsichtigkeit

Für Farbenfehlsichtige sind manche Farbkontraste, z.B. Rot – Grün, nicht unterscheidbar. Der Screenshot oben zeigt, wie diese Menschen die Ishihara-Farbtafel auf der linken Seite sehen. Diese zeigt die Zahl 74. Falls Sie die Zahl auch auf der linken Seite nicht erkennen, leiden auch Sie unter dieser Sehschwäche.

Rotschwäche (Protanopie) und Grünschwäche (Deuteranopie) lassen sich mit Adobe Photoshop simulieren, um in Folge ungeeignete Farbkontraste zu vermeiden.

1 Machen Sie einen Screenshot Ihrer Webseite und öffnen Sie diesen in Adobe Photoshop CC.

2 Aktivieren Sie im Menü *Ansicht > Farbproof.*

3 Wählen Sie im Menü *Ansicht > Proof einrichten > Farbenblindheit.*

4 Beurteilen Sie, ob die Farbkontraste unterscheidbar sind.

5 Verändern Sie ggf. die Farben.

Leichte Sprache
Webauftritt des Deutschen Bundestags, links normal und rechts in Leichter Sprache.

Motorische Einschränkung

Menschen mit motorischer Einschränkung haben Schwierigkeiten, feinmotorische Bewegungen auszuführen. So ist es ihnen nicht möglich, eine Maus auf eine kleine Schaltfläche zu bewegen. Geräte mit Touchscreens sind für diese Menschen eine große Hilfe, da sie direkt mit dem Finger bedienbar sind. Bei „klassischen" Computern mit Tastatur und Maus ist es erforderlich, dass eine mausfreie Bedienung mit Hilfe der Tabulatortaste und verschiedenen Tastenkürzeln möglich gemacht wird.

Funktionale Analphabeten

Mehrere Millionen Menschen in Deutschland können nicht oder kaum lesen und schreiben. Man spricht von *funktionalen Analphabeten*. Die Ursachen hierfür sind vielfältig und können geistige Behinderung, Lernschwächen, aber auch einfach benachteiligte Lebenslagen sein. Kinder, die aus Kriegs- oder Krisengebieten geflüchtet sind, konnten möglicherweise niemals eine Schule besuchen.

Für Menschen mit dieser Einschränkung ist es besonders wichtig, dass Texte auf Webseiten möglichst einfach und gut verständlich formuliert sind. Der Fachbegriff hierfür lautet *Leichte Sprache*. Auf http://www.leichtesprache.org finden Sie sehr gute Informationen, welche Regeln zu beachten sind, um einen Text in Leichter Sprache zu formulieren.

Die Screenshots zeigen den Webautritt des Deutschen Bundestags, links ohne und rechts in Leichter Sprache **A**. Wie Sie sehen, wurde nicht nur die Sprache vereinfacht, sondern die gesamte Struktur und Gestaltung der Website. Beispielsweise wurde auf aufklappende Menüs verzichtet, so dass sich die Site auch ohne Maus mit Hilfe der Tabulatortaste bedienen lässt. Probieren Sie es aus!

2.7 Aufgaben

1 Fachbegriffe kennen

Definieren Sie:
a. Interaktivität

b. (Benutzer-)Interface

c. Navigation

d. Usability

2 Trennung von Content und Design verstehen

Erläutern Sie drei Vorteile, die sich aus einer konsequenten Trennung von Content und Design ergeben.

1.

2.

3.

3 Zielgruppen ermitteln

Nennen Sie fünf Anforderungen an eine Webseite für Kinder im Alter von 6 bis 10 Jahren.

1.

2.

3.

4.

5.

4 Benutzerfreundliche Seiten gestalten

a. Wie lautet der Fachbegriff zu „Benutzerfreundlichkeit"?

41

b. Zählen Sie fünf Aspekte auf, die zur Benutzerfreundlichkeit einer Website beitragen.

1.

2.

3.

4.

5.

5 Usability testen

Nennen Sie drei Möglichkeiten, wie Sie die Usability einer Website testen können.

1.

2.

3.

6 Navigationsstrukturen unterscheiden

Zählen Sie drei Argumente auf, die für die Verwendung einer Baumstruktur im Vergleich zur linearen bzw. vernetzten Struktur sprechen.

1.

2.

3.

7 Navigationsstruktur entwerfen

Formulieren Sie fünf Anforderungen an den Entwurf einer Navigationsstruktur unter dem Aspekt einer möglichst hohen Benutzerfreundlichkeit.

1.

2.

3.

4.

5.

8 Touchscreens kennen

Zählen Sie vier Möglichkeiten auf, die Sie zur Bedienung eines Touchscreens (mit einem oder mehreren Fingern) haben.

1.

2.

3.

4.

9 Navigationselemente für mobile Endgeräte unterscheiden

a. Zählen Sie vier Navigationselemente auf, die für mobile Webseiten in Frage kommen.

1.

2.

3.

4.

b. Nennen Sie jeweils einen Vorteil für die genannte Struktur.

Vorteil bei 1:

Vorteil bei 2:

Vorteil bei 3:

Vorteil bei 4:

10 Navigationsstrukturen recherchieren

Gehen Sie mit Ihrem Smartphone oder Tablet ins Internet.
a. Finden Sie jeweils ein Beispiel für folgende Navigationselemente:
- Karussell

- Menü
- Reiter
- Toolbar

b. Beurteilen Sie die Navigation der gefundenen Websites. Ist die Benutzerführung eindeutig? Finden sich auch ungeübte Nutzer zurecht?

Karussell:

Menü:

Reiter:

Toolbar:

11 Interaktive Webseiten realisieren

a. Definieren Sie „Interaktivität".

b. Zählen Sie vier Möglichkeiten der Interaktion auf Webseiten auf.

1.

2.

3.

4.

12 Navigationshilfen realisieren

Nennen Sie drei Möglichkeiten, um die Nutzer bei der Navigation zu unterstützen.

1.

2.

3.

13 Barrierefreiheit definieren

a. Definieren Sie den Begriff „barrierefreie Webseiten".

b. Nennen Sie fünf Anforderungen an eine barrierefreie Webseite.

1.

2.

3.

4.

5.

14 Navigationsstruktur entwerfen

Für einen Sportverein soll ein Internetauftritt erstellt werden. Auf der rechten Seite finden Sie die vorzusehenden Screens.
a. Definieren Sie stichwortartig die Zielgruppe des Vereins.

-

-

-

-

-

b. Entscheiden Sie sich für eine Navigationsstruktur. Begründen Sie Ihre Entscheidung kurz.

Mitgliedsantrag	Willkommen	Leichtathletik
Tischtennis	Kontakt	Über uns
Fußball	Abteilungen	Vorstand
Satzung	Anfahrt	Tennis
Aktuell	Geschichte	Anschrift

c. Entwerfen und skizzieren Sie eine
   Navigationsstruktur für den Verein.

3.1 Responsive Layouts

3.1.1 Digitale Endgeräte

Die Grafik zeigt einen kleinen Ausschnitt aus der Produktpalette von Apple. Sie erkennen daran, wie groß die Unterschiede bei digitalen Endgeräten allein bei dieser einen Firma sind. Und mit Apple konkurrieren etliche weitere Hardwarehersteller wie Samsung, Google, Microsoft, Huawei usw.

Dies zeigt, dass Screendesign, also Design für den Screen, nicht so einfach zu erledigen ist, denn für welchen Screen ist das Design gedacht? Für große Monitore? Tablets? Smartphones? Oder für möglichst alle genannten Gerätegruppen?

Dies sind Fragen, auf die wir in diesem Kapitel einige Antworten geben werden. Damit dies möglich wird, müssen wir uns zunächst mit den Kennwerten befassen, mit denen sich die Displays digitaler (mobiler oder stationärer) Endgeräte beschreiben lassen.

Displaygröße

Der Durchmesser eines Displays wird üblicherweise in Inch (dt.: Zoll, Abkürzung: ") angegeben, wobei ein Inch 2,54 cm entspricht. Ein 27"-Display hat also einen Durchmesser von knapp 69 cm. In der Tabelle rechts oben finden Sie eine Zusammenstellung typischer Werte.

Seitenverhältnis (Aspect Ratio)

Das Seitenverhältnis definiert, wie sich die Bildbreite zur Bildhöhe verhält. Ein Quardrat besitzt beispielsweise ein Seitenverhältnis von 1:1.

Während ältere Monitore ein Verhältnis von 4:3 besaßen, findet man dieses Verhältnis heute nur noch bei Tablets vor. Die Displays der anderen Geräte besitzen überwiegend ein Seitenverhältnis von 16:9, selten auch 16:10.

Rechenbeispiel: Der größte gemeinsame Teiler (ggT) beim unten dargestellten iMac ist 320. Teilen Sie

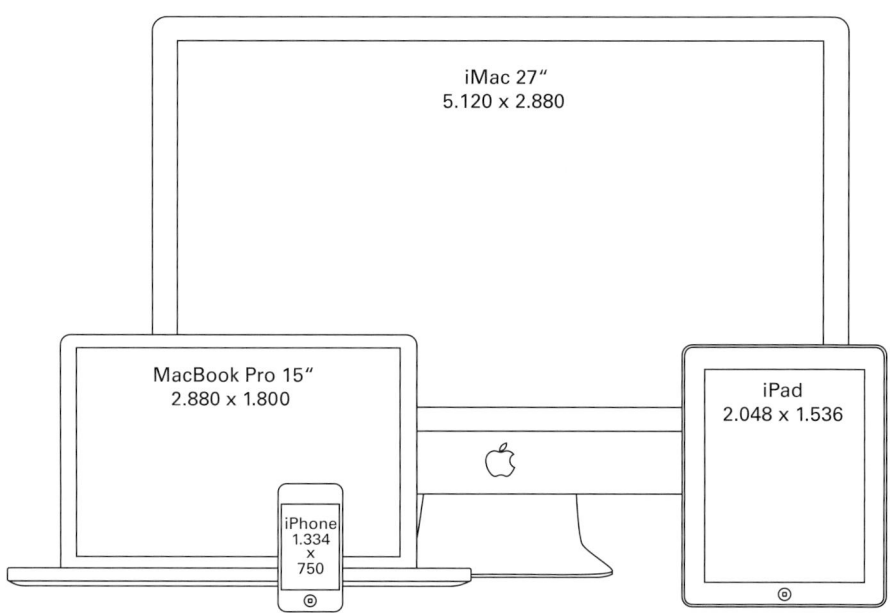

Displaygrößen

Das Beispiel der Apple-Produktpalette zeigt die unterschiedlichen Displayformate und -größen (Stand: 2016).

Gerätetyp	Größe (Inch)	Seitenverhältnis	Auflösung (px)	Auflösung (ppi)
Smartphones	5 bis 6	16:9	1.920 x 1.080 (Full HD) 2.560 x 1.440	300 - 700
Tablets	7 bis 13	16:10 4:3	1.920 x 1.200 2.048 x 1.536	200 - 350
Notebooks	13 bis 17	16:9	1.366 x 768 1.920 x 1.080	100 – 150
Monitore	24 bis 34	16:9	1.920 x 1.080 (Full HD) 2.560 x 1.440 3.840 x 2.160 (4K)	100 – 250

Kennwerte von Displays

In der Tabelle sind typische Werte aktueller digitaler Endgeräte zusammengestellt (Stand: 2016). Der Trend geht zum immer höheren Auflösungen.

die Bildbreite 5.120 px und Bildhöhe 2.880 px jeweils durch 320, so ergibt sich ein Seitenverhältnis von 16:9. Das MacBook links unten besitzt einen ggT von 180 und damit ein Seitenverhältnis von 16:10. Das Seitenverhältnis ist für das Screendesign wichtig, weil es einen maßgeblichen Einfluss auf das Layout hat.

Ausrichtung
Eine große Herausforderung für das Webdesign ist, dass alle mobilen Endgeräte wahlweise im Hoch- oder im Querformat betrachtet werden können. Die Fachbegriffe hierfür sind *Portrait* und *Landscape*. Im Idealfall muss ein Design für beide Positionen optimiert werden. Um den Aufwand zu reduzieren, kann man allerdings davon ausgehen, dass Smartphones *eher* im Hochformat und Tablets *eher* im Querformat verwendet werden. Monitore besitzen die Ausrichtung *Landscape*.

Displayauflösung
Die Anzahl an Pixel in der Bildbreite und Bildhöhe wird als Auflösung des Displays bezeichnet. Wie bei Digitalkameras gilt auch hier, dass ein Bild umso detailreicher und schärfer wird, je höher die Anzahl an Pixeln ist. Hierbei hat Apple mit den sogenannten Retina-Displays Maßstäbe gesetzt.

Die Angabe der Displayauflösung in der obigen Form ist nicht sonderlich aussagekräftig, da sie die Abmessungen des Displays nicht berücksichtigt: Bei identischer Auflösung ist die Bilddarstellung auf einem kleinen Display besser als auf einem großen, weil die Pixel beim kleinen Display kleiner sind und damit zwangsläufig näher beieinander liegen.

Aus diesem Grund wird die Auflösung bei Displays oft auf das Längenmaß Inch bezogen und in der Einheit ppi (Pixel pro Inch) angegeben. Auch hierzu ein Rechenbeispiel: Der iMac in der Grafik links besitzt in der Diagonale 5874 px (Satz von Pythagoras: $a^2 + b^2 = c^2$). Teilen wir diesen Wert durch 27 Inch, ergibt sich eine Auflösung von etwa 217 ppi. Wie Sie in der Tabelle oben sehen, ist dies für einen Monitor ein ziemlich hoher Wert.

Die Displayauflösung hat – im Unterschied zu den ersten drei Kennwerten – keinen direkten Einfluss auf das Layout. Der Kennwert spielt jedoch eine große Rolle, wenn Bilder im Screendesign platziert werden, da diese dann die korrekte Auflösung haben müssen.

Viewport
Während Webseiten auf *mobilen* Endgeräten immer formatfüllend betrachtet werden, ist dies auf Monitoren nicht der Fall. Hier öffnet der Nutzer ein Brow-

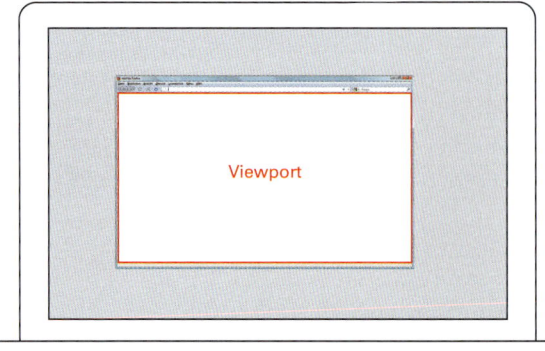

Viewport

Der Viewport bezeich-
net die für die Website
oder -applikation tat-
sächlich verbleibende
sichtbare Fläche.

serfenster und als Designer/in wissen
Sie nicht, wie groß dieses Fenster ist.
Hinzu kommt, dass ein Teil des Fensters
vom Browser selbst benötigt wird,
vor allem am oberen Fensterrand. Die
verbleibende Fläche zur Darstellung der
Webseite wird als *Viewport* bezeichnet.
Die Viewport ist also der Bereich, der für
das Layout zur Verfügung steht. Umgekehrt gilt, dass das Layout so gestaltet
werden muss, dass es für unterschied-
lichste Viewports funktioniert.

Fazit
Die Displays der heute genutzten
digitalen Endgeräte unterscheiden sich
hinsichtlich
- Größe,
- Seitenverhältnis,
- Ausrichtung,
- Auflösung und
- Viewport.
Dies führt zu folgender Konsequenz für
das Layouten von Webseiten:

> **Wichtig**
>
> Ein Screendesign muss flexibel entworfen und gestal-
> tet werden, damit es sich an die Displays der digitalen
> Endgeräte möglichst gut anpasst.

3.1.2 Layouttypen

Das Fazit links unten stellt eine große
Herausforderung für Screendesigner/
-innen dar. In diesem Kapitel stellen
wir Ihnen Möglichkeiten vor, die Sie zur
Umsetzung dieser Forderung haben.
Dabei blicken wir – zum besseren
Verständnis – kurz zurück und schauen
uns an, wie ein Layout für eine feste,
unveränderliche Displaygröße erstellt
wurde.

Fixes Layout
Wenn die Auflösung, also die Breite
und Höhe des Displays in Pixel, bekannt
ist, und Sie das Layout nur für dieses
eine Display entwerfen müssen, dann
können Sie alle Angaben im Layout in
Pixel vornehmen. Weil dieses Layout
unveränderlich ist, spricht man von
einem fixen Layout.

Die Grafik rechts oben zeigt ein fixes
Layout, das an Viewport **A** angepasst
wurde. Bei einem größeren Viewport
B bleibt links und rechts ein Rand, bei
einem kleineren Viewport **C** wird ein Teil
des Layouts abgeschnitten.

Vorteile fixer Layouts
- Exaktes, pixelgenaues Layouten
- Einfache Einpassung des Contents
  (Texte, Bilder) in das Layout
- Einfache Umsetzung, z. B. mit Photo-
  shop oder Illustrator

Nachteile fixer Layouts
- Keine Anpassung an diverse Endgeräte
- Content ist bei Verkleinerung nicht
  mehr sichtbar.

Für Webseiten ist ein fixes Layout
wegen der (zu) unterschiedlichen Endgeräte nicht sinnvoll. Wenn Sie jedoch
die Aufgabe haben, ein Screendesign

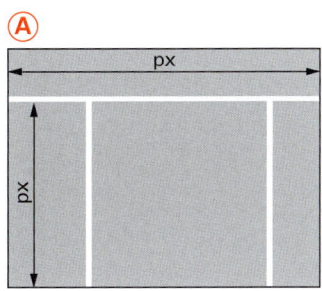 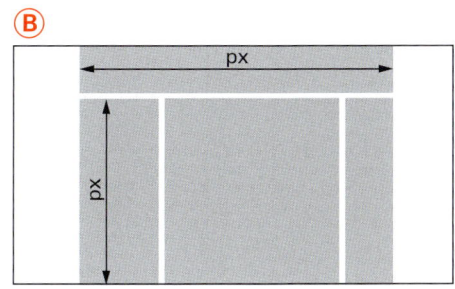 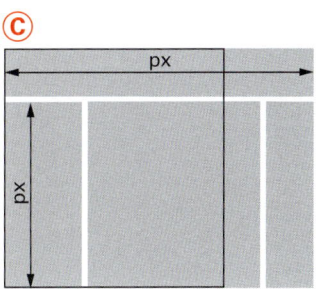

Fixes Layout
Das Layout ist unver-
änderlich und passt
sich an den Viewport
nicht an.

für ein bestimmtes Gerät, z. B. Uhr, oder Display, z. B. Fahrkartenautotmat, zu entwerfen, ist das fixe Layout die richtige Wahl.

Fließendes (fluides) Layout
Wenn Sie ein Gefäß füllen, dann breitet sich die Flüssigkeit gleichmäßig aus. Fließende Layouts werden dadurch erreicht, dass *relative* Einheiten (z. B. in %) verwendet werden. Diese Angaben beziehen sich auf die Abmessungen des Viewports, passen sich also automatisch an Veränderungen an.

Die Grafik unten zeigt ein Layout, das in der Höhe fix und in der Breite fluid ist. Hierdurch wird erreicht, dass das Layout trotz unterschiedlicher Breite immer komplett sichtbar bleibt. Theoretisch könnte das Layout auch in vertikaler Richtung fluid gestaltet werden. Dies ist allerdings unüblich und wird selten umgesetzt.

Vorteile fließender Layouts
- Automatische Anpassung an den Viewport

- Horizontales Scrollen wird vermieden
- Alle Inhalte bleiben sichtbar, auch Bilder vergrößern sich.

Nachteile fließender Layouts
- Typografische Gestaltung ist nicht möglich.
- Bei sehr breiten oder sehr schmalen Spalten leiden die Darstellung und Lesbarkeit.

Eine Sonderform fluider Layouts stellen *elastische Layouts* dar. Hierbei erfolgen die Layoutangaben nicht in Prozent, sondern in der typografischen Einheit *em*, die sich auf die im Browser eingestellte Grundschrift bezieht. Dies hat zur Folge, dass sich bei Vergrößerung auch die Schrift vergrößert. Sie kennen dies als *Page-Zoom*, also das Vergrößern oder Verkleinern einer Seite, bei mobilen Endgeräten durch Spreizen von Daumen und Zeigefinger.

Fluide bzw. fluid-elastische Layouts sind zwingend erforderlich, um eine flexible Anpassung des Contents an das Endgerät zu ermöglichen.

Fluides Layout
Das Layout passt sich
prozentual an den
Viewport an, füllt
diesen somit immer
komplett aus.

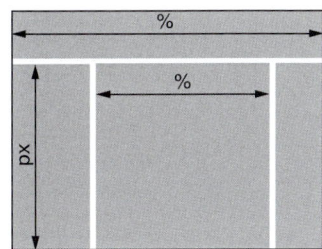 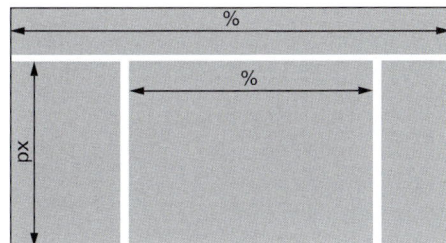 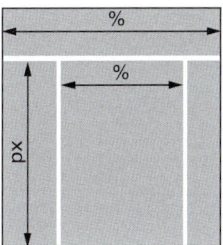

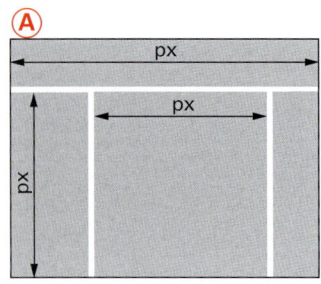

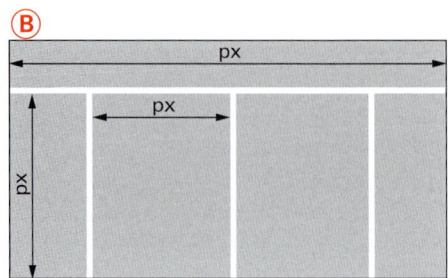

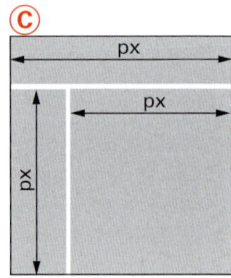

Adaptives Layout

Das Layout verändert sich in Abhängigkeit vom Viewport. Im Beispiel variiert die Anzahl an Spalten zwischen zwei und vier.

Adaptive Layouts

Ein adaptives Layout (Adaption, dt.: Anpassung) passt sich an den Viewport nicht durch stufenlose Vergrößerung oder Verkleinerung an, sondern durch Veränderung der einzelnen Blöcke im Layout.

Die Grafik oben illustriert dies: Bei mittlerer Displaygröße **A** befinden sich unter der Kopfzeile drei Blöcke, bei großen Displays **B** vier Blöcke und bei kleinem Viewport **C** nur zwei Blöcke. Dies wird technisch erreicht, indem sogenannte *Breakpoints* (Breitenangaben in Pixel) definiert werden, ab denen sich das Layout (schlagartig) verändert. Auf diese Weise kann beispielsweise auch auf die Drehung des Tablets oder Smartphones reagiert werden.

Vorteile adaptiver Layouts
- Pixelgenaues Layouten
- Typografische Gestaltung ist wegen der festen Breite möglich
- Relativ flexible Anpassung an Endgeräte aller Art

Nachteile adaptiver Layouts
- Hoher Aufwand, da mehrere Layouts erforderlich sind
- Content kann (wenn Blöcke entfallen) nicht mehr komplett untergebracht werden.

Responsive Layouts

Wie so oft liegt die optimale Lösung irgendwo dazwischen! Responsive (response, dt.: Antwort) Layouts kombinieren fluide, adaptive und fixe Layouts, stellen also eine Mischform aller beschriebenen Layoutformen dar.

Die Grafik auf der rechten Seite oben veranschaulicht dies: Bei Vergrößerung passt sich das Layout zunächst fluid an den Viewport an. Ab einer gewissen Größe (Breakpoint) springt das Layout um – im Beispiel wird eine Spalte ergänzt. Dieser Vorgang wiederholt sich, bis irgendwann eine Endgröße erreicht ist, ab der links und rechts Ränder sichtbar werden. Das Layout bleibt also ab dieser Größe unveränderlich (fix).

Vorteile responsiver Layouts
- Optimale Anpassung an digitale Endgeräte durch Kombination der Vorteile der fluiden, adaptiven und fixen Layoutform.
- Typografische Gestaltungsmöglichkeiten bleiben (trotz fluider Bereiche) weitgehend erhalten.

Nachteile adaptiver Layouts
- Beträchtlicher Aufwand für Erstellung und Umsetzung
- Der Content muss in Abhängigkeit vom Endgerät optimiert werden.

50

Das Beispiel unten zeigt die gelungene Umsetzung eines responsiven Layouts bei Audi: Bei sehr breiten Viewports ist oben eine Menüleiste sichtbar, die eine direkte Auswahl des Modells ermöglicht. Bei Verkleinerung wird diese in das Aufklappmenü links oben integriert. Außerdem wird der Text nicht mehr auf, sondern unter dem Bild platziert. Selbst bei starker Verkleinerung bleiben die wesentlichen Elemente (Menü, Suchfeld, Logo, Foto) sichtbar.

Responsives Layout

Beim responsiven Layout werden alle drei Layoutformen, fluid, adaptiv und fix, kombiniert.

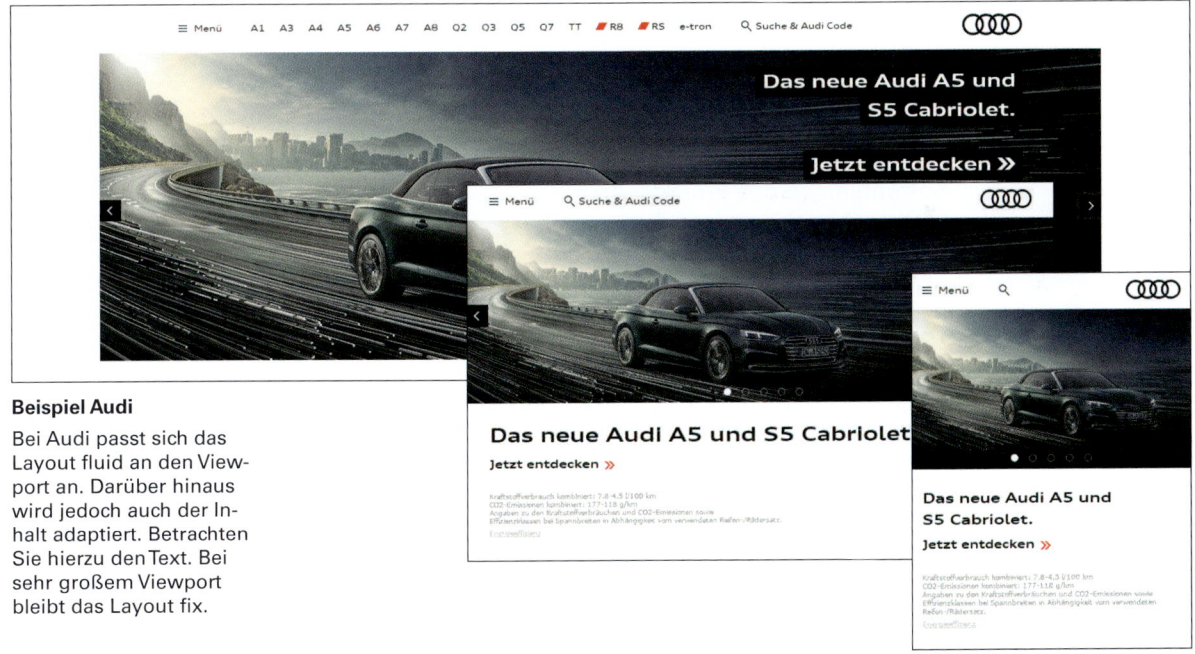

Beispiel Audi

Bei Audi passt sich das Layout fluid an den Viewport an. Darüber hinaus wird jedoch auch der Inhalt adaptiert. Betrachten Sie hierzu den Text. Bei sehr großem Viewport bleibt das Layout fix.

3.2 Von Briefing zum Prototyp

Auch wenn die Werbung (Motto: „Klick dir deine Homepage zusammen.") gerne etwas anderes verspricht: Die Konzeption, Gestaltung und Erstellung einer Webanwendung ist ein komplexer Prozess, der Know-how erfordert, Zeit und damit auch Geld kostet. Webdesign gibt es nicht zum Nulltarif.

In diesem Kapitel stellen wir Ihnen die ersten Schritte vor, die Sie von einer Kundenanfrage bis zur Erstellung eines beim Kunden präsentablen sogenannten *Mockups* gehen müssen. Auf die technische Realisation der Webanwendung, in der Regel mittels *Content-Management-System*, gehen wir in diesem Band nicht ein. Hierfür benötigen Sie u. a. auch gute Kenntnisse in *HTML5 und CSS3*.

3.2.1 Briefing

Jedes Projekt nimmt seinen Ausgang in einem Briefing mit dem Auftraggeber. Der Begriff enthält das englische Verb *to brief*, was auf Deutsch *jdn. einweisen, unterrichten, informieren* bedeutet.

Ziel des Briefings ist es also, mit dem Kunden dessen Vorstellungen und offene Fragen zu klären. Hierzu gehört beispielsweise auch der Zeit- und Kostenrahmen des Projekts. An dieser Stelle gehen wir nur auf die Aspekte ein, die im Zusammenhang mit dem Screendesign stehen. Folgende Leitfragen müssen geklärt werden:
- Wie sieht die Zielgruppe des Projekts aus? Ist sie bekannt oder muss sie zunächst ermittelt werden? Wie soll sie ermittelt werden?
- Liegt der Content (Inhalt) des Projekts bereits vor? Oder müssen Texte, Bilder, Grafiken und evtl. Videos erstellt werden? Der Content, z. B. die Textmenge, hat einen wesentlichen Einfluss auf das spätere Layout.

- Mit welchen Endgeräten wird die Anwendung vor allem betrachtet? Auf Monitoren, Tablets, Smartphones? Da Nutzer überwiegend mit mobilen Endgeräten ins Internet gehen, wird mittlerweile häufig der *Mobile-First-Ansatz* verfolgt. Dies bedeutet, dass eine Webanwendung zunächst für die Darstellung auf mobilen Endgeräten optimiert und erst im zweiten Schritt an Monitore angepasst wird.
- Liegt ein Corporate Design vor? Gibt es ein Logo, eine Hausschrift, Hausfarben? Gibt es gestalterische Vorgaben (Corporate Guidelines), die eingehalten werden müssen?
- Welche Informationsstruktur soll die Anwendung erhalten? Wie wird der Content in horizontaler und vertikaler Richtung gegliedert? Liegen die Begriffe für die Hauptnavigation bereits fest? Sind Navigationshilfen vorgesehen? Welche?

Dieser Fragenkatalog ist sicherlich nicht vollständig. Je besser Sie ein Projekt im Vorfeld mit Ihrem Kunden absprechen, umso weniger müssen Sie später nachbessern oder ändern.

3.2.2 Scribbles

Ob Print oder digital: Beginnen Sie Ihr Projekt auf leerem, weißem Papier. Mit Scribbles, Notizen und gezeichneten Entwürfen sind Sie auf Papier viel schneller als am Rechner. In wenigen Minuten entwickeln Sie Varianten, die Sie miteinander vergleichen können. Wichtig ist, dass bei Ihren Scribbles die Seitenverhältnisse der Endgeräte eingehalten werden (siehe Seite 47).

Scribbles können auch im Team erstellt werden. Nutzen Sie Kreativitätstechniken wie das Brainstorming, Brainwriting oder Mindmapping, um schnell einen Ideenpool zu bekommen.

Scribbles

Scribbles dienen zur Ideenfindung und vermitteln einen ersten visuellen Eindruck des Endprodukts.

Die Beispiele zeigen Entwürfe, die sowohl für Desktop-PCs als auch für mobile Endgeräte erstellt wurden.

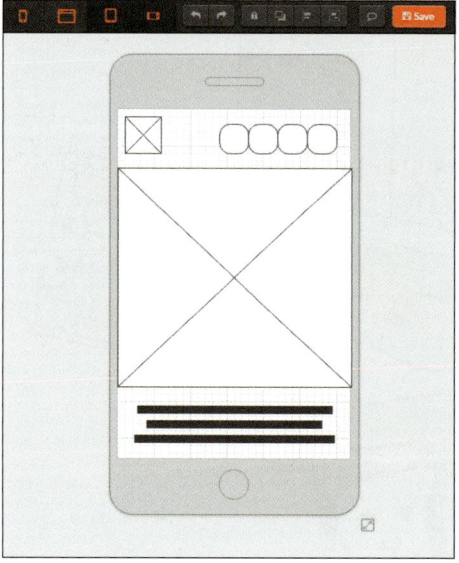

3.2.3 Wireframes

Ein Wireframe ist wörtlich ein Drahtgitter. Drahtgittermodelle spielen bei Grafiken und CAD-Anwendungen eine Rolle, um eine Vorschau einer Grafik ohne Farben, Texturen und Strichstärken zu erhalten. Dargestellt werden ausschließlich feine Konturlinien. In Illustrator können Sie Grafiken im Menü *Ansicht > Pfadansicht* als Drahtgitter darstellen.

Im Webdesign werden Wireframes für das Layouten von Webanwendungen genutzt. Im Internet finden Sie etliche Tools, mit denen sich Wireframes erstellen lassen. Der Screenshot zeigt das – zugegeben sehr schlichte – Webtool wireframe.cc.

Natürlich können Sie Wireframes auch in Illustrator oder InDesign erstellen. Der Vorteil besteht jedoch darin, dass Sie ein Layout parallel für die unterschiedlichen Endgeräte, Monitor, Tablet, Smartphone, optimieren können, wahlweise im Hoch- oder Querformat.

3.2.4 Storyboard

Bei großen Projekten kann die Erstellung eines Storyboards erforderlich sein. Der Begriff Storyboard (dt.: Drehbuch) entstammt der Filmproduktion und meint die zeichnerische Umsetzung des Drehbuches. Ein Storyboard dient somit als Vorlage für den Aufbau und die Gestaltung der einzelnen Einstellungen und Szenen.

Übertragen auf digitale Medien übernimmt ein Storyboard eine ähnliche Funktion: Es bildet die zeichnerische Vorlage für die Gestaltung der grafischen Oberfläche einer Webanwendung. Abgesehen von Entwurfsskizzen kann bzw. sollte ein Storyboard weitere Informationen enthalten:

- Schrift, Schriftattribute
- Texte
- Bilder und Grafiken
- Logo
- Farbkonzept
- Buttons, weitere Navigationselemente und Navigationshilfen
- Animationen
- Sounds und Videos

Auch bei der Erstellung des Storyboards müssen die unterschiedlichen Abmessungen und technischen Möglichkeiten der Endgeräte berücksichtigt werden. So ist es ein beträchtlicher Unterschied, ob eine Anwendung mit dem Finger oder der Maus/Tastatur bedient wird.

Ein gutes Storyboard enthält alle Informationen, die für die spätere Umsetzung erforderlich sind. Es genügt oft nicht, dass Sie Ihr Projekt „im Kopf" haben, denn an der Konzeption und Realisierung sind in größeren Agenturen mehrere Personen beteiligt: Artdirector, Webdesigner, Mediengestalter, Programmierer …

3.2.5 Moodboard und Style Tiles

Bei einem Moodboard (mood, dt.: Stimmung) handelt es sich beispielsweise um einen großen Karton, auf dem alles aufgeklebt wird, was zum Projekt passen könnte: Fotos, Farben, Schriftbeispiele, Layoutskizzen, Grafiken, Slogans, Logo usw.

Wie der Name sagt, soll es auf diese Weise gelingen, ein Gefühl für das Thema zu bekommen, sich in die zum Thema passende Stimmung zu versetzen. Dies ist wichtig, da Sie ja möglicherweise nicht zur Zielgruppe des Projekts gehören. Stellen Sie sich vor, dass ein vegetarischer Webdesigner eine Website für einen Wurstproduzenten erstellen soll ... :-)

Im nächsten Schritt kann die Umsetzung der gewonnenen Eindrücke als sogenanntes *Style Tile* erfolgen. In diesem werden die Farben, Schrift, Buttons usw. bereits festgelegt und in digitaler Form erstellt. Ein Style Tile können Sie dem Kunden vorlegen und mögliche Änderungswünsche besprechen. Eine kostenlose Vorlage zur Erstellung von Style Tiles mit Photoshop finden Sie beispielsweise auf styletil.es (siehe Screenshot rechts oben).

3.2.6 Prototyping mit Adobe Muse

Jedes Konzept muss mit dem Auftraggeber besprochen und von diesem für gut befunden werden. Größere Aufträge werden nicht gleich an eine Agentur vergeben, sondern ausgeschrieben. Um den Auftrag bewerben sich dann mehrere Agenturen.

In jedem Fall müssen Sie Ihr Konzept dem Kunden präsentieren. Hierzu dient ein *Prototyp*, auch als *Mockup* (dt.: Modell, Attrappe) bezeichnet. Im Digitalbereich handelt es sich dabei um einige

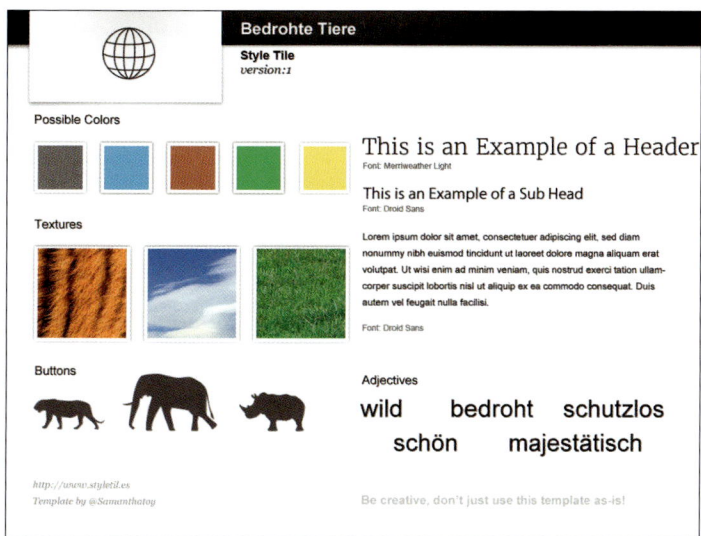

Demoscreens in Originalgröße. Diese müssen hinsichtlich Datenmenge, Funktionen und Darstellung noch optimiert werden, zeigen aber bereits das Screendesign und damit das *Look and Feel* der Anwendung. Ziel eines Prototyps oder Mockups ist es, dem Kunden eine exakte Vorstellung davon zu vermitteln, wie das spätere Endprodukt aussehen und funktionieren wird.

Im Internet finden Sie etliche Prototyping-Tools. Wir stellen Ihnen hier die Software *Adobe Muse* vor. Als Komponente von Adobe CC sind etliche Funktionen auch in Programmen wie Photoshop, Illustrator oder InDesign vorhanden. Aus diesem Grund ist die Einarbeitung in Muse relativ unkompliziert und Sie kommen schnell zu brauchbaren Ergebnissen.

Mit Adobe Muse können Sie funktionsfähige responsive Webseiten erstellen, ohne dass Sie hierfür technisches Know-how benötigen. Die Erstellung der HTML5-, CSS3- und JavaScript-Dateien erfolgt automatisiert im Hintergrund.

Style Tiles

Im Style Tile werden die Schrift(en), Farben, Buttons definiert. Der Kunde kann somit frühzeitig über die geplante Gestaltung informiert werden und ggf. Änderungswünsche äußern.

55

Projekt anlegen – Making of …

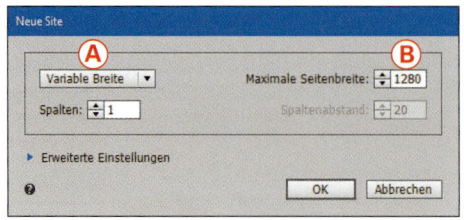

1 Starten Sie Muse und legen Sie im Menü *Datei > Neue Site* ein Projekt an. Behalten Sie die Voreinstellung *Variable Breite* **A** bei. Geben Sie die max. Größe **B** ein, z. B. 1280 px.

2 Wählen Sie im Menü *Seite > Alternatives Layout hinzufügen*, wenn Sie ein Layout für Tablets oder Smartphones erstellen möchten. Im Beispiel erstellen wir ein Layout für Desktop-PCs **C**.

3 Die *Planungsansicht* **D** zeigt die Navigationsstruktur der Site. Bewegen Sie den Cursor auf die Homepage, um weitere Screens zu erstellen. Klicken Sie links, rechts oder unten

auf das Plus-Symbol **E**. Benennen Sie den Screen **F**, vermeiden Sie Sonderzeichen und deutsche Umlaute (ä, ü, ö, ß).

4 Speichern Sie die Site im Menü *Datei > Site speichern* ab.

Musterseite – Making of …

Im unteren Teil der Planungsansicht befindet sich die Musterseite **G**. Auf ihr platzieren Sie Elemente, die *auf jedem Screen* zu sehen sein sollen, z. B. Logo, Buttons oder Farbflächen. Die Elemente der Musterseite sind auf den einzelnen Seiten gesperrt. Elemente, die veränderbar sein müssen, dürfen also nicht auf der Musterseite platziert werden.

1 Durch Doppelklick auf die Musterseite **G** gelangen Sie in die *Entwurfsansicht* **H**.

2 Platzieren Sie zunächst die blauen Marken am linken Rand (siehe **A** rechts oben), um den Kopf- und Fußbereich der Website zu definieren. Im Beispiel hat die Kopfzeile eine Höhe von 80 px, die Fußzeile von 40 px.

3 Wählen Sie das Rechteck-Werkzeug **B** (rechts oben) und ziehen Sie einen Rahmen für die Kopfzeile auf. Geben Sie der Kopfzeile die gewünschte Farbe **C** (rechts oben).

4 Damit die Kopfzeile unveränderlich wird, wählen Sie bei *Skalieren* **D** (rechts oben) die Option *Ohne*.

5 Platzieren Sie im Menü *Datei > Platzieren* das Logo und die Buttons in der Kopfzeile. (Verwenden Sie Platzhalter, wenn Sie noch keine Gra-

Navigationsstruktur

In der Planungsansicht lässt sich die Navigationsstruktur der Website mit wenigen Klicks erstellen.

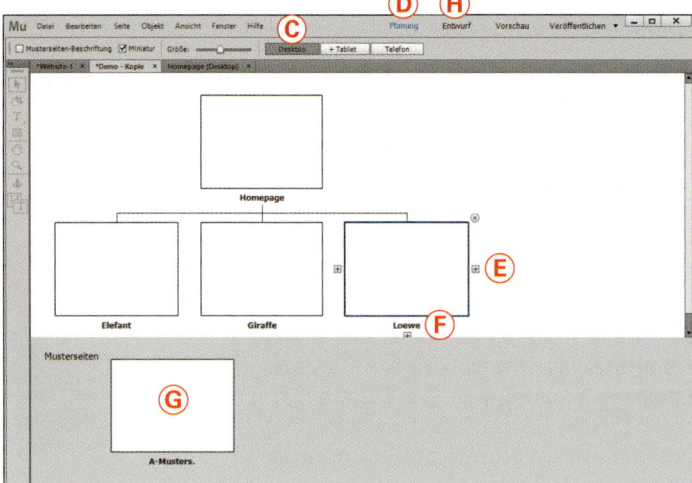

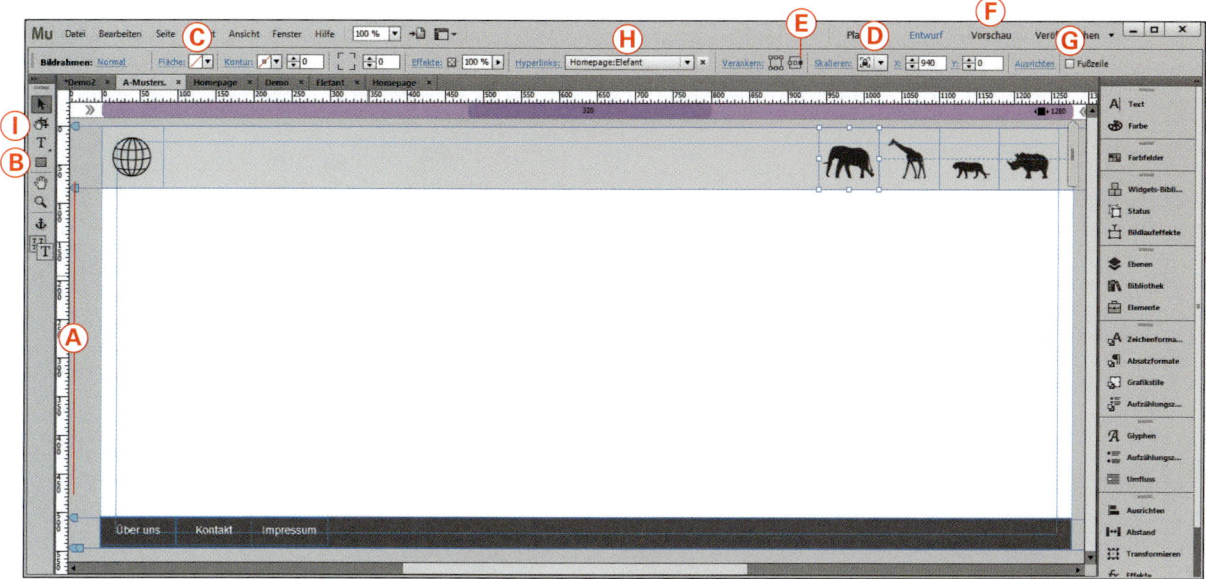

fiken haben.) Auch diese Elemente sollen *nicht skalierbar* sein **D**. Damit die Buttons immer am rechten Rand bleiben, fixieren Sie diese **E**.

6 Klicken Sie auf Vorschau **F**, um zu prüfen, wie das Layout aussieht. Verkleinern und vergrößern Sie hierzu das Vorschaufenster.

7 Erstellen Sie die Fußzeile mit Farbfläche und Buttons. Auch diese Elemente sollen nicht skalierbar sein **D**, die Buttons sollen bei **E** am linken Rand fixiert werden.

8 Kennzeichnen Sie bei **G** alle Elemente, die zur Fußzeile gehören sollen, damit diese immer am unteren Rand bleiben.

9 Zur Verlinkung wählen Sie die Buttons nacheinander und weisen die gewünschte Zielseite unter **H** zu.

10 Wechseln Sie zur Planungsansicht.

Content – Making of …

1 Doppelklicken Sie auf die Homepage.

2 Platzieren Sie im Menü *Datei > Platzieren* ein Foto auf der Homepage.

3 Wählen Sie das Freistellungswerkzeug **I** und passen Sie den Begrenzungsrahmen des Fotos an den Screen an.

4 Wählen Sie im Menü *Objekt > Anpassen > Rahmen proportional füllen*.

5 Um den Bildausschnitt zu verändern, machen Sie einen Doppelklick auf das Foto. Sie können es nun im Bildrahmen verschieben, ohne dass sich der Rahmen verändert.

6 Damit sich die Bildbreite und -höhe anpasst, wählen Sie bei *Skalieren* **D** *Responsive Breite und Höhe*.

Musterseite

Die Musterseite enthält – wie bei InDesign – Elemente, die auf allen Screens zu sehen sein sollen.

Screens erstellen

Die Text- und Bildbearbeitung erfolgt in Muse sehr ähnlich wie in InDesign.

7   Wählen Sie das Text-Werkzeug **A**. Ziehen Sie einen Textrahmen auf.

8   Geben Sie den gewünschten Text ein oder kopieren Sie ihn über die Zwischenablage aus einer Textverarbeitung.

9   Formatieren Sie den Text im Menü *Fenster > Text* **B** wie gewünscht.

10   Um Text auf verschiedenen Seiten einheitlich zu formatieren, können Sie im Menü *Fenster > Absatzvorlagen* **C** wie bei InDesign Absatzvorlagen anlegen.

11   Betrachten Sie die Homepage in der Vorschau **D** – nehmen Sie ggf. Änderungen vor.

Breakpoints – Making of …

Durch Breakpoints (dt.: Haltepunkte) wird es möglich, ein Layout in Abhängigkeit vom Viewport (siehe Seite 50) zu verändern. Breakpoints sind das wichtigste Hilfsmittel zur Erstellung responsiver Webseiten. Im Übungsbeispiel möchten wir erreichen, dass sich bei starker Verkleinerung der Bildausschnitt ändert und der Text unterhalb des Bildes platziert wird.

1   Ziehen Sie am Regler **E**, um das Layout zu verkleinern. Wie Sie sehen, entsteht ein weißer Bereich unter dem Bild, außerdem ist der Text nicht mehr lesbar.

2   Klicken Sie auf das Plus-Symbol **F** (rechts oben), um einen Breakpoint zu erstellen.

3   Passen Sie nun Bild und Text an diesen Viewport an, z. B. wie im Screenshot ganz rechts dargestellt.

4   Um zum ursprünglichen Layout zu wechseln, klicken Sie in die graue

Breakpoints

Mit Hilfe von Break-points können Sie festlegen, wie sich das Layout in Abhän-gigkeit von der Größe des Viewports ändert.

Leiste **G** links oder rechts des (blau-en) Bereichs.

5 Testen Sie die Funktion des Break-points in der Vorschau.

Weitere Screens – Making of ...

1 Markieren Sie auf der Homepage Text und Bild und kopieren Sie sie in die Zwischenablage.

2 Gehen Sie in die Entwurfsansicht des neuen Screens. Wählen Sie im Menü *Bearbeiten > Einfügen und Erstellen von Haltepunkten*.

3 Tauschen Sie Text und Bild aus und passen Sie sie an.

Projekt exportieren – Making of ...

1 Legen Sie einen Projektordner an.

2 Wählen Sie im Menü *Datei > Als*

HTML exportieren... Wählen Sie Ihren Projektordner. Muse generiert alle erforderlichen Dateien. Durch Doppelklick auf *index.html* können Sie die Site (unabhängig von Muse) im Browser testen.

3 Um die Site im Internet zu testen, kann sie in Muse im Menü *Datei > Auf FTP-Host hochladen...* auf einen Webserver kopiert werden. Hierzu benötigen Sie die Zugangsdaten des Servers.

Website

Mit Adobe Muse kön-nen Sie relativ schnell eine verlinkte und responsive Website erstellen.

3.3 Typografie

3.3.1 Lesen am Bildschirm

Ob am Monitor, mit dem Smartphone, Tablet oder einem E-Book-Reader – wir lesen immer mehr am Display eines digitalen Endgerätes. Das Zeitungssterben hat längst begonnen, und noch ist nicht absehbar, ob Bücher und Zeitschriften folgen werden? Klar ist jedoch, dass das Internet Jahr für Jahr an Bedeutung gewinnt.

Grundsätzlich ist Lesen am Bildschirm anstrengender als auf Papier und dies hat im Wesentlichen zwei technische Gründe.

Erstens ist die Auflösung von Displays im Vergleich zur Druckauflösung geringer. Die Auflösung gibt die Anzahl an Punkten an, die pro Längeneinheit (Inch) dargestellt werden. Je höher die Auflösung ist, umso feinere Details lassen sich wiedergeben. Wie Sie in der Tabelle auf Seite 47 nachlesen können, beträgt die Auflösung der meisten Monitore um die 150 ppi (Pixel pro Inch), Smartphones erreichen bereits Auflösungen von 600 ppi.

Moderne Druckmaschinen oder auch kleinere Desktop-Drucker verwenden deutlich höhere Auflösungen von typischerweise 2500 bis 5000 dpi (Dots per Inch). Die Auflösung unseres menschlichen Auges liegt mit 600 bis 800 dpi irgendwo dazwischen. Dies bedeutet, dass wir gedruckte Schriften als glatt und stufenlos wahrnehmen, weil wir die einzelnen Rasterpunkte nicht auflösen können. Einzelne Monitorpixel lassen sich hingegen erkennen, da die Auflösung der Augen viel höher ist als die der Monitore. Dies wirkt sich negativ auf die Lesbarkeit aus. Betrachten Sie zum Vergleich die Grafik unten.

Ein zweiter Grund dafür, dass Lesen am Bildschirm anstrengender ist, liegt in der Kontrast- und Farbwiedergabe von Bildschirmen: Displays benötigen, außer bei E-Book-Readern, eine Hintergrundbeleuchtung, um Farben und Farbkontraste erzeugen zu können. Seitlicher Lichteinfall oder Gegenlicht wirken störend und verschlechtern den Kontrast zwischen Text- und Hintergrundfarbe. Dies merken Sie v. a. bei der Nutzung Ihres Smartphones im Freien. Doch auch Dunkelheit ist nicht ideal, weil das Leuchten des Displays anstrengend für die Augen ist.

Auf bedrucktem Papier hingegen entstehen Farben und Kontraste durch Reflexion der Lichtstrahlen. Eine ausreichende Beleuchtung vorausgesetzt, ergibt sich für das Auge ein angenehmer Text-Hintergrund-Kontrast.

Bildschirm- und Druckdarstellung

Das Beispiel zeigt die Druckschrift Palatino in 12 pt und 14-facher Vergrößerung.

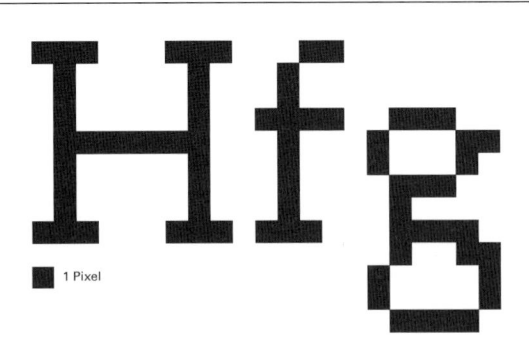

■ 1 Pixel

■ 10 Dots (bei 2540 dpi)

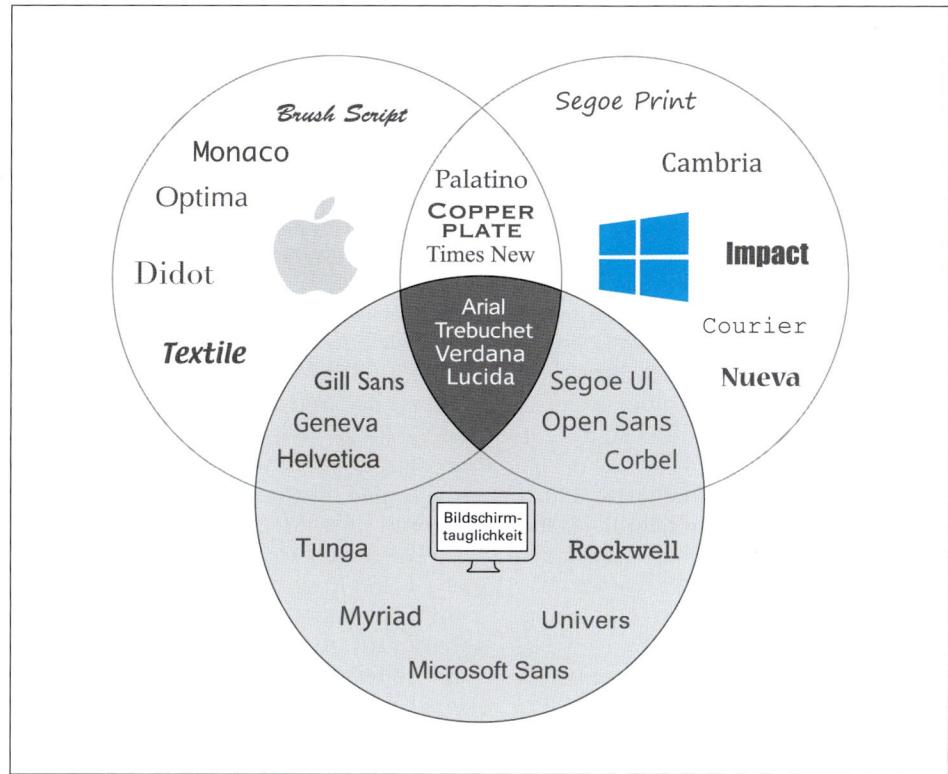

3.3.2 Bildschirmschriften

Während die Wahl der Schrift für Printmedien ausschließlich gestalterischen Kriterien unterliegt, stimmt dies für digitale Medien so nicht. Wegen der geringeren Auflösung eines Displays im Vergleich zur Druckauflösung ergeben sich für die Darstellung von Schriften folgende Konsequenzen:
- Schräge Linien werden stufig und „pixelig" dargestellt.
- Feinheiten und Details der Schrift verschwinden – der Schriftcharakter geht verloren.
- Buchstabenabstände sind uneinheitlich und unausgeglichen.
- Schriftbild wird unruhig und ungleichmäßig.

- Lesbarkeit wird stark beeinträchtigt.

Zusammenfassend lässt sich sagen, dass sich viele Druckschriften in den Lesegrößen zwischen 8 und 11 Punkt für die Bildschirmdarstellung *nicht* eignen. Dies gilt insbesondere für
- Schriften mit filigranen Serifen und feinen Duktusunterschieden,
- kursive Schriften oder Schriftschnitte,
- Schreibschriften,
- gebrochene Schriften.

Systemschriften

Da HTML5-Dateien – im Unterschied zu PDF- oder Flash-Dateien – Schriften nicht einbetten können, waren Webdesigner lange Zeit gezwungen, auf die mit dem Betriebssystem installierten Systemschriften zurückzugreifen. Nur so konnte gewährleistet werden, dass die Schrift auch auf allen Computern verfügbar war.

Eine weitere Einschränkung war, dass Schriften verwendet werden mussten, die sowohl unter Windows als auch bei macOS Systemschriften sind. Andernfalls würde die gewählte Schrift bei jedem Nutzer mit anderem Betriebssystem durch eine andere Schrift ersetzt – der Alptraum jedes Typografen.

Übrig blieben eine Handvoll bildschirmtauglicher Systemschriften, in der Grafik im dunkelgrauen Kreis dargestellt. Systemschriften sind für die Bildschirmdarstellung optimiert und zeichnen sich durch einheitliche Strichstärken und Verzicht auf filigrane Details aus. Die meisten Bildschirmschriften sind serifenlos. Arial & Co. waren auf allen Webseiten zu finden – langweilig!

Webfonts

Mit CSS3 ist es möglich geworden, Schriften zu verwenden, die keine Systemschriften sind. Zwei Varianten stehen zur Verfügung:

Die Schriftdatei wird auf den Webserver geladen und mit der HTML5-Datei verlinkt. Wie im Printbereich müssen Sie hierbei beachten, dass auch für Schriften eine Nutzungslizenz erforderlich ist. Diese müssen Sie käuflich erwerben, z. B. bei

- Adobe Typekit (typekit.com/fonts),
- Fontshop (www.fontshop.com/webfonts).

Die zweite Möglichkeit besteht darin, dass sich die Schriftdatei auf einem anderen Server befindet und erst beim Öffnen der Webseite geladen wird. Beispiele für Anbieter, die teilweise auch lizenzfreie Schriften bereitstellen, sind:

- Google Fonts (fonts.google.com),
- Font Library (fontlibrary.org).

Sie benötigen keine fundierten HTML5- und CSS3-Kenntnisse, um eine Schrift auf Ihrer Webseite einzubinden. Der hierfür erforderliche Code wird Ihnen in der Regel auf der Webseite des Anbieters bereitgestellt.

Für weitere Informationen zu diesem Thema verweisen wir auf den Band *HTML5 und CSS3* in dieser Buchreihe.

Google Fonts

Webfonts lassen sich über einen Link in den HTML5-Quellcode einbinden. Die Schriftdateien selbst verbleiben auf dem Google-Server.

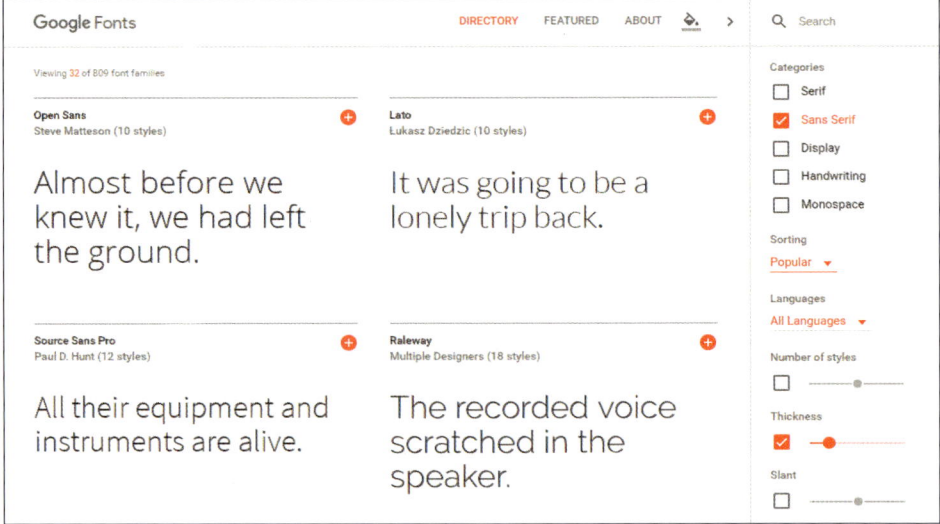

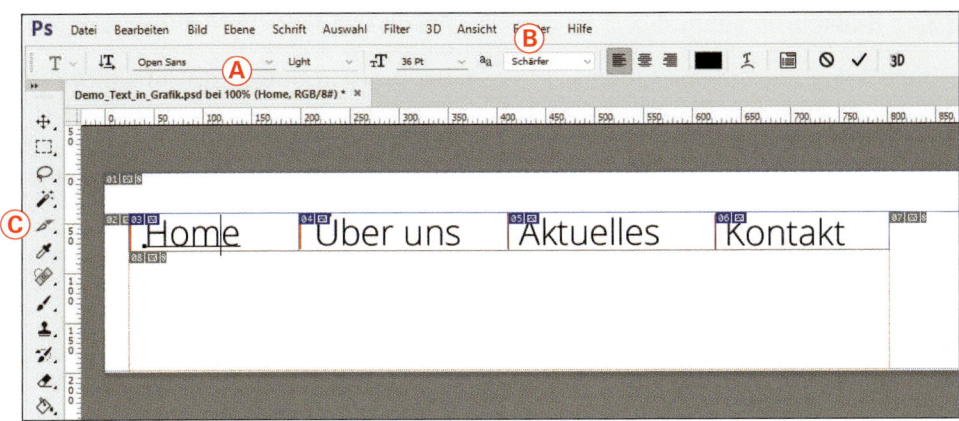

Schrift als Grafik

Mit Hilfe von Slices können Sie in Photoshop oder Illustrator Schrift als Grafik exportieren.

3.3.3 Schrift als Grafik

Nicht immer ist das Einbinden einer Schrift in den HTML5-Quellcode möglich oder sinnvoll. Dies gilt insbesondere, wenn Sie die Schrift nur für kurze Texte oder einzelne Begriffe benötigen, z. B. zur Beschriftung von Buttons. In diesem Fall bietet es sich an, die Schrift in Photoshop (siehe Making of) oder Illustrator als Pixelbild zu exportieren.

Diese Vorgehensweise besitzt allerdings auch einige Nachteile:
- Durch die Umwandlung in ein Bild müssen Sie mit Qualitätseinbußen rechnen.
- Ein nachträgliches Verändern des Textes ist nicht mehr möglich.
- Bei Vergrößerung der Darstellung, z. B. durch Zoomen der Seite, wird die Darstellung unscharf.

Making of …

1 Öffnen Sie eine neue Photoshop-Datei. Wählen Sie die Breite und Höhe passend zum gewünschten Display (siehe Seite 47).

2 Setzen Sie den oder die Texte in der gewünschten Schrift. Achten Sie

darauf, dass die Ansicht auf 100 % eingestellt ist **A**.

3 Wählen Sie die Schriftgröße und -farbe wie gewünscht. Testen Sie, ob sich die Darstellung durch Kantenglättung **B** verbessern lässt.

4 Wählen Sie das *Slice-Werkzeug* **C**. Ziehen Sie Slices (dt.: Stücke) um den oder die Texte.

5 Klicken Sie auf den Pfeil bei **C** und wählen Sie das *Slice-Auswahlwerkzeug*. Nun können Sie auf die Slices doppelklicken und den gewünschten Namen vergeben. Dieser wird zum Dateinamen des Bildes.

6 Wählen Sie im Menü *Datei > Exportieren > Für Web speichern…*

7 Wählen Sie das Dateiformat PNG-24, weil es die beste Qualität bietet (siehe Seite 79).

8 Klicken Sie auf *Speichern*. Photoshop erstellt einen Ordner *Images* und fügt alle Slices ein. Nicht benötigte Dateien, die Slices außerhalb der Texte, können Sie löschen.

63

3.3.4 Bildschirmtypografie

Für die Typografie am und für den Bildschirm gelten die Regeln, die auch im Printbereich gelten, und die wir im Band *Typografie* zusammengefasst haben. Darüber hinaus gibt es jedoch Forderungen für digitale Medien:

- Im Trend sind derzeit filigrane und schmal laufende Schriften. Dabei bleibt die Lesbarkeit manchmal auf der Strecke. Der Typograf Kurt Weidemann hat einmal gesagt: *Typografie ist eine Dienstleistung*. Dies gilt ohne Einschränkung auch für Webtypografie. Optimale Lesbarkeit ist auch hier oberstes Gebot!
- Arbeiten Sie bei breiten Displays mehrspaltig. Damit das Auge nicht verrutscht, sollten Bildschirmzeilen nicht mehr als 60 Zeichen pro Spalte haben. Bei schmal laufender Schrift dürfen es auch mal 80 Zeichen sein.
- Der Zeilenabstand kann zur Verbesserung der Lesbarkeit von der Grundregel, 120 % mal Schriftgröße, abweichen und etwas größer gewählt werden.
- Bei Druckprodukten soll inhaltlich zusammenhängender Text auch optisch eine Einheit bilden. Leerzeilen sind zu vermeiden. Bei Digitalmedien gilt diese Regel nicht so streng: Zur Gliederung dürfen bzw. sollten auch größere Abstände verwendet werden.
- Angaben zu Schriftgrößen erfolgen in der relativen Einheit *em*. Dabei entspricht 1 em der Grundschriftgröße des Browsers von 16 px. Die Angabe 0,6 em ergibt also $0{,}6 \cdot 16\,\text{px} = 9{,}6\,\text{px}$. Wird die Grundeinstellung durch den Nutzer verändert, so ändern sich damit alle Schriftgrößen. Dies ist ausdrücklich so gewollt!
- Da Texte auf HTML5-Seiten normalerweise keine Trennungen aufweisen, empfiehlt sich der linksbündige Flattersatz. Die Flatterzone ist entsprechend groß und oft nicht sonderlich ansprechend.
- Die typografische Gestaltung erfolgt ausschließlich mit CSS3.

Checkliste Bildschirmtypografie

- Die Zeilenlänge sollte 60 Zeichen pro Zeile nicht überschreiten. Setzen Sie den Text bei breiten Displays mehrspaltig.

- Gliedern Sie Ihre Texte in gut überschaubare Einheiten oder Blöcke. Leerzeilen sind – im Unterschied zu Printmedien – erlaubt.

- Verwenden Sie relative Angaben (em) für Schriftgrade, so dass die Schriftgrößen der Browsergrundschrift angepasst werden und skalierbar sind.

- Achten Sie auf einen ausreichenden Kontrast zwischen Schrift- und Hintergrundfarbe. Vermeiden Sie aber maximale Kontraste, die zum Flimmereffekt führen können.

- Wählen Sie für den Mengentext eine am Bildschirm sehr gut lesbare Schrift. Vermeiden Sie sehr feine, kursive, schmale, gebrochene oder geschriebene Schriften.

- Verwenden Sie zur Auszeichnung einen fetten Schnitt oder eine andere Farbe. Kursiv ist schlecht lesbar und Unterstreichungen sind den Links vorbehalten.

- Vermeiden Sie, v. a. für mobile Webanwendungen, lange Texte. Reduzieren Sie Ihre Texte auf wichtige Kernaussagen.

- Leiten Sie einen längeren Text durch einen „Aufmacher" (Teaser) ein. Ergänzen Sie einen Textlink: Lesen Sie mehr. Der Leser kann nun entscheiden, ob er den Text lesen will oder nicht.

- Stellen Sie längere Texte zusätzlich in einer druckbaren Version (schwarze Schrift auf weißem Hintergrund) oder als PDF zur Verfügung.

- Beachten Sie, dass für die Verwendung vieler Schriften eine Lizenz erforderlich ist. Es gibt aber auch gute lizenzfreie Schriften.

In den Printmedien muss die Verwendung von Farben wohlüberlegt sein, weil mehrfarbiger Druck kostspieliger ist als Schwarz-Weiß-Druck. Dies gilt vor allem, wenn Sonderfarben verwendet werden sollen.

In den Digitalmedien kostet Farbe nichts, so dass Sie sich keine Gedanken machen müssen, *ob* Sie Farbe einsetzen, sondern nur, *wie* Sie diese einsetzen. Hierzu betrachten wir zunächst einmal die Unterschiede zum Druck.

3.4.1 Additive und subtraktive Farbmischung

Additive Farbmischung – RGB
Bei Monitoren, Smartphone-Displays, Fernsehern oder Beamern kommen rote, grüne und blaue Lichtquellen zum Einsatz. Da sich die Energie dieser Lichtquellen addiert, wird von *additiver Farbmischung* gesprochen.

Die durch Addition entstehende Mischfarbe ist stets eine hellere Farbe. Beispielsweise addiert sich rotes und grünes Licht zu Gelb. Die Mischung von Rot, Grün und Blau ergibt Weiß. Das additive Farbsystem wird gemäß den Grundfarben Rot, Grün und Blau als *RGB-System* bezeichnet. Alle Farben, die der Mensch sieht, setzen sich aus diesen Grundfarben zusammen.

Subtraktive Farbmischung – CMY
Bei gedruckter Farbe sehen wir den Lichtanteil, der vom Bedruckstoff, meistens Papier, reflektiert wird. Die restliche Lichtenergie wird vom Bedruckstoff aufgenommen (absorbiert). Die Bezeichnung *subtraktive Farbmischung* kommt also daher, dass ein Teil der Lichtenergie verschwindet.

Der Farbeindruck Gelb kommt dadurch zustande, dass ein mit weißem Licht (also Rot, Grün und Blau) beleuchteter Bedruckstoff den blauen Farbanteil absorbiert. Reflektiert werden Grün und Rot und ergeben – wie oben beschrieben – additiv Gelb.

Grün entsteht, wenn sich die transparenten (lasierenden) Druckfarben Cyan und Gelb überlappen. Gelb absorbiert Blau und Cyan absorbiert Rot, so dass Grün reflektiert wird. Werden alle Farbanteile absorbiert, dann sehen wir – im wahrsten Sinn des Wortes – Schwarz.

Additive Farbmischung
Die Lichtenergie der Primärfarben RGB addiert sich und ergibt die Sekundärfarben CMY und die Tertiärfarbe Weiß.

Subtraktive Farbmischung
Drei Farbflächen mit den Primärfarben CMY überdecken sich teilweise. Durch die lasierenden Druckfarben entstehen die drei Sekundärfarben RGB und im Bereich der dreifachen Überlappung als Tertiärfarbe Schwarz.

Die drei Grundfarben im Druck heißen Cyan, Magenta und Gelb. Das zugehörige Farbsystem *CMY*, weil das englische Wort für Gelb, Yellow, verwendet wird. Nun wissen Sie vermutlich, dass in jedem Drucker eine vierte Farbe, Schwarz, hinzukommt. Da das B von Black schon durch Blau bzw. Blue belegt ist, hat man sich für den Buchstaben K entschieden. Das Vierfarbensystem für den Druck heißt deshalb CMYK.

3.4.2 Arbeitsfarbraum

Wie wir gesehen haben, findet Screendesign immer in einem RGB-Farbraum statt. Leider besitzt jeder Monitor, jedes Farbdisplay und jeder Beamer einen eigenen (geräteabhängigen) RGB-Farbraum. Diese unterscheiden sich hinsichtlich Größe und damit Farbumfang. Welcher Farbraum muss eingestellt werden?

sRGB
Da Webseiten mit unterschiedlichen Endgeräten betrachtet werden, ist die Festlegung auf einen bestimmten

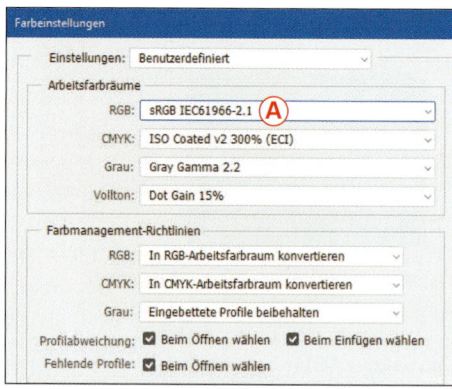

Farbeinstellung bei Adobe CC
Die Einstellung finden Sie bei allen Adobe-Programmen im Menü *Bearbeiten > Farbeinstellungen...*

Gerätefarbraum im Grunde nicht möglich. Empfehlenswert ist die Verwendung des 1996 definierten Standard-RGB-Farbraums, kurz sRGB **A**. Dieser besitzt zwar einen kleineren Farbumfang als andere RGB-Farbräume, dafür kann man annehmen, dass sRGB auf sehr vielen Endgeräten korrekt angezeigt werden kann. Sie entscheiden sich somit für die (kleinere) Schnittmenge vieler RGB-Farbräume. Den Arbeitsfarbraum stellen Sie in den Adobe-Programmen im Menü *Bearbeiten > Farbeinstellungen* ein.

Auch CMYK-Farbräume sind geräteabhängig, hängen also von der Druckmaschine ab, auf der gedruckt wird. Generell gilt, dass sich RGB- und CMYK-Farbräume deutlich voneinander unterscheiden. So gibt es viele Farben, die zwar am Bildschirm angezeigt, aber

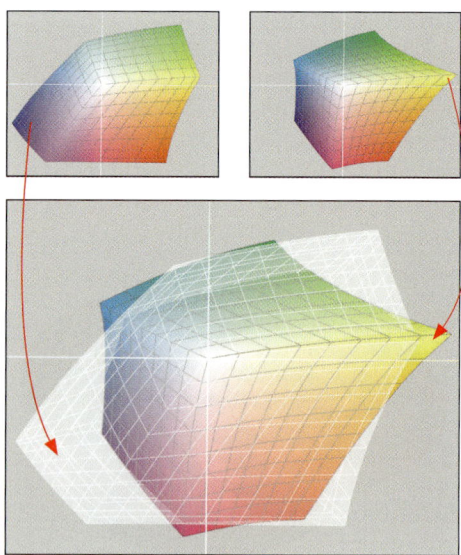

RGB- und CMYK-Farbraum
Die Grafik zeigt die Schnittmenge eines RGB-Farbraums (links) und eines CMYK-Farbraums (rechts). Die Farben außerhalb der Schnittmenge (rote Pfeile) sind entweder nicht druckbar oder auf Displays nicht darstellbar.

nicht gedruckt werden können, z. B. leuchtende oder stark gesättigte Farben. Umgehrt gibt es druckbare Farben, die auf dem Monitor nicht darstellbar sind, z. B. bestimmte Gelbtöne. Hinzu kommt, dass im Druck Sonderfarben und Lacke eingesetzt werden, um z. B. metallische Farben zu erhalten.

Farbwahl – Making of …

Ein *Corporate Design* erfordert eine durchgängige Farbgestaltung aller Medien. Die Farben eines Logos sollen auf der Homepage genauso aussehen wie auf dem Briefpapier. Um dies zu ermöglichen, wählen Sie Farben aus der Schnittmenge des verwendeten RGB-und CMYK-Farbraums.

1 Wählen Sie im Farbwähler von Photoshop oder Illustrator die gewünschte Farbe aus **A**.

2 Liegt die Farbe außerhalb des Druckbereichs, zeigt dies eine *Farbumfangswarnung* **B** an.

3 Durch Anklicken des Warnsymbols **B** erreichen Sie, dass die Farbe in den Druckfarbraum verschoben wird.

4 Lesen Sie nun die Farbwerte sowohl für den CMYK- **C** als auch für den RGB-Farbraum **D** ab.

3.4.3 Fehlende Farbverbindlichkeit

Während es im Printbereich mit Hilfe von *Color Management* möglich ist, eine verbindliche Farbdarstellung von der Datenerfassung bis zum Druck zu erzielen, ist dies im Bereich der Digitalmedien leider nicht möglich. Wie bereits erwähnt liegt dies daran, dass jedes Display einen eigenen RGB-Farbraum

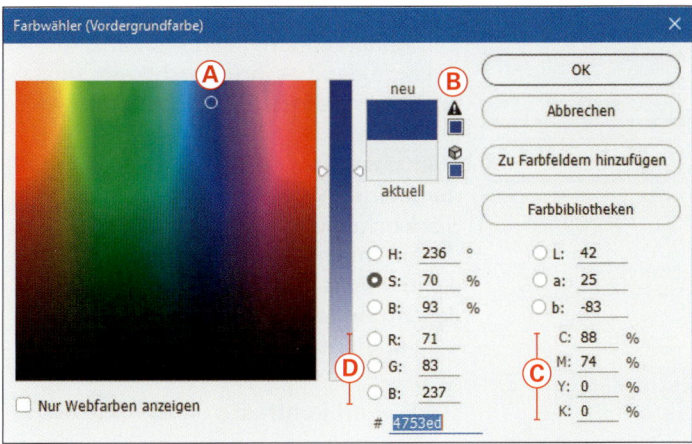

besitzt und dies eine unterschiedliche Farbdarstellung zur Folge hat. Weitere Faktoren sind:
- *Blickwinkel*
  Die Farbdarstellung ist davon abhängig, ob Sie senkrecht oder schräg auf ein Display blicken.
- *Lichtverhältnisse der Umgebung*
  Das Umgebungslicht hat einen maßgeblichen Einfluss auf die Farbwirkung eines Displays. Bei völliger Dunkelheit erscheinen die Farben hell, leuchtend und gesättigt, während sie bei heller Beleuchtung oder im Freien blass wirken. Eine verbindliche Farbdarstellung ist damit völlig ausgeschlossen.
- *Helligkeits- und Kontrasteinstellung*
  Am Monitor können Sie die Helligkeit und den Kontrast einstellen, bei den mobilen Endgeräten zumindest die Helligkeit. Die Einstellung wirkt sich auf die Farbdarstellung aus.
- *Farbtemperatur*
  Durch Einstellung der Farbtemperatur (gemessen in Kelvin) bestimmen Sie, ob das Display Weiß eher gelblich oder eher bläulich darstellt. Die Einstellung wirkt sich nicht nur auf Weiß, sondern auf alle Farben aus.

Farbwähler

In Photoshop oder Illustrator erhalten Sie eine Warnung **C**, wenn eine Farbe außerhalb des Druckfarbraums liegt.

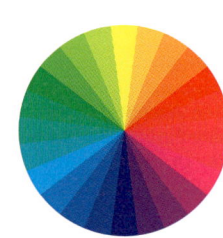

Farbkreis (24 Farben)

Farben werden häufig kreisförmig angeordnet. Gegenüberliegende Farben werden als komplementäre Farben bezeichnet.

Farbkontraste

Die Grafik zeigt die sieben durch Johannes Itten definierten Farbkontraste.

- *Alter des Displays*
  Displays „altern", verlieren also im Laufe der Zeit ihre Leuchtkraft, und Farben werden farbstichig oder verblassen.

Während Sie die Farbdarstellung auf Seiten der Nutzer nicht beeinflussen können, sollten zumindest Sie dafür Sorge tragen, dass Ihr eigener Monitor kalibriert ist und die Umgebungsbeleuchtung am Arbeitsplatz den Vorgaben entspricht (Normlicht).

3.4.4 Farbkontraste

Farben stehen niemals für sich alleine, sie bilden immer einen Kontrast zum umgebenden Hintergrund. Der Schweizer Maler *Johannes Itten* (1888–1967) hat sieben Farbkonstraste definiert:

- *Simultankontrast*
  Farben wirken unterschiedlich in Abhängigkeit von der Umgebungsfarbe. Gelb wirkt auf Rot anders als auf Grün.
- *Komplementärkontrast*
  Farben, die sich im Farbkreis gegenüber liegen, heißen komplementär. Ihr Kontrast ist maximal und deshalb oft zu groß.
- *Warm-kalt-Kontrast*
  Gelb- und Rottöne sind warme, Blau- und Grüntöne kalte Farben. Diesen Kontrast finden wir in der Natur oft vor.
- *Hell-Dunkel-Kontrast*
  Der Kontrast entsteht zwischen hellen und dunklen Farben oder unterschiedlichen Grautönen.
- *Quantitätskontrast*
  Kleine Flächen bilden zu großen Flächen einen Kontrast, wenn die Leuchtkraft der kleinen Fläche größer ist als die der großen Fläche.
- *Qualitätskontrast*
  In diesem Fall sind beide Flächen

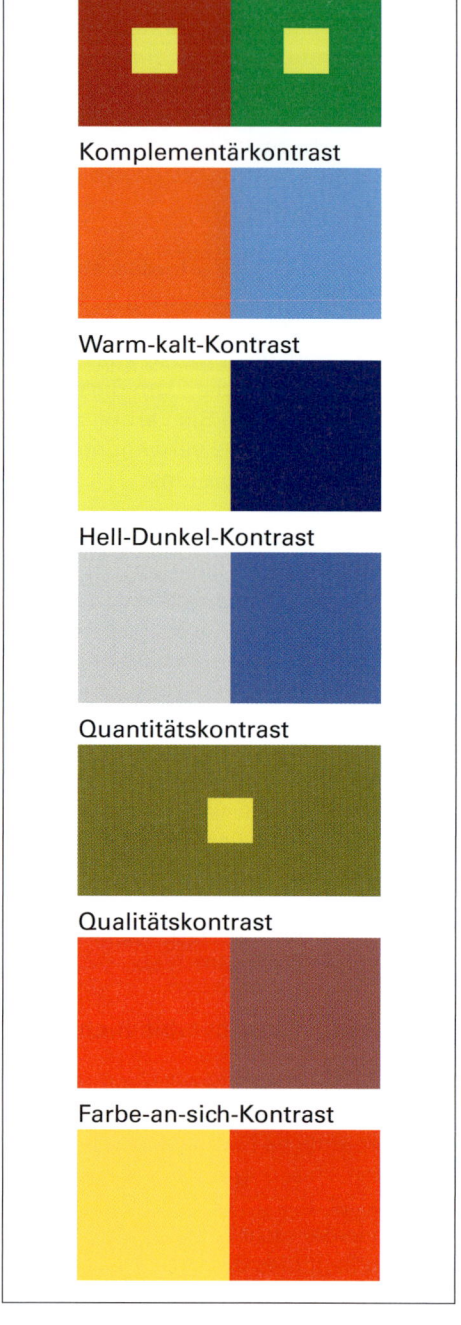

Simultankontrast

Komplementärkontrast

Warm-kalt-Kontrast

Hell-Dunkel-Kontrast

Quantitätskontrast

Qualitätskontrast

Farbe-an-sich-Kontrast

gleich groß. Der Kontrast entsteht durch die unterschiedliche Sättigung und Helligkeit der Farbe.

- *Farbe-an-sich-Kontrast*
  Dieser starke Kontrast entsteht durch Kombination zweier stark gesättigter Farben.

Farbkontraste beeinflussen die Benutzerfreundlichkeit (Usability) maßgeblich. Dies gilt insbesondere für den Kontrast zwischen Text und Hintergrund. Lesen am Bildschirm ist anstrengender als auf Papier. Aus diesem Grund müssen Sie beim Screendesign besonders auf ausreichend hohe, aber nicht maximale Kontraste achten Letztere – vor allem Komplementärkontraste – können zum Flimmereffekt führen: Da das Auge infolge der hohen Kontraste überreizt wird, kommt es zum „Verschwimmen" der Konturen. In der Tabelle finden Sie Grundregeln, die Sie bei der Farbauswahl beachten sollten.

Checkliste Farbkontraste

- Achten Sie auf große Kontraste. Dies ist v. a. für die Betrachtung im Freien sehr wichtig, da das Umgebungslicht dort sehr hell ist.

- Hellgraue oder pastellfarbene Hintergründe sind dezent und ergeben einen angenehmen Kontrast zu dunklen Textfarben (Hell-Dunkel-Kontrast).

- Schwarz oder dunkle Farben sind als Textfarben von den Printmedien bekannt und auch für digitale Medien gut geeignet.

- Vermeiden Sie grelle oder leuchtende Farben im Hintergrund – dieser muss auch optisch hinten stehen.

- Verzichten Sie auf unruhige Hintergründe, um die Lesbarkeit nicht zu gefährden. Dies gilt z. B. auch, wenn Sie Text auf einem Foto platzieren. Hinterlegen Sie den Text ggf. mit einer halbtransparenten Tonfläche.

- Vermeiden Sie maximale Kontraste (Komplemenärkontraste, z. B. Cyan – Rot), da es hierdurch zum optischen Flimmern kommen kann.

- Negative (also helle) Schrift auf dunklem Hintergrund ist nur für kurze Texte geeignet.

- Vermeiden Sie Farbkombinationen, die für Menschen mit Farbfehlsichtigkeit nicht unterscheidbar sind, z. B. Rot/Grün. Dies können Sie bei Photoshop im Menü *Ansicht > Proof einrichten > Farbenblindheit* simulieren.

- Die Auswahl von Farben hat viel mit der zu erwartenden Zielgruppe zu tun. Kinder lieben es bunt, an starken (Farbe-an-sich-)Kontrasten werden sie sich nicht stören. Je älter die Zielgruppe ist, umso eher ist auf eine ruhigere und dezentere Farbgestaltung zu achten.

3.4.5 Farbfunktionen

Stellen Sie sich ein Leben ohne Farbe vor – furchtbar! Farbe hat nicht nur einen schmückenden Charakter, sie

- schafft Assoziationen und Emotionen,
- leitet und führt,
- gliedert, hebt hervor, setzt Akzente,
- wird zur Marke – denken Sie an Milka, oder Coca Cola oder Telekom,
- ist Ihr wichtigstes Gestaltungsmittel!

Farbwahrnehmung

Zu jeder Farbe haben wir bestimmte Assoziationen, mehr noch, sie kann Emotionen bei uns auslösen. Was verbinden Sie mit Rot? Ist es vielleicht Liebe, Leidenschaft, Wärme? Oder ist es eher Blut, Krieg, Gefahr, Feuer?

Durch die Wahl der Farbe(n) nehmen Sie als Gestalter/-in also bewusst Einfluss darauf, wie eine Website unbewusst wahrgenommen wird. Auch die Werbung macht sich diese Tatsache geschickt zunutze.

Welches ist Ihre Lieblingsfarbe? Farbwahrnehmung ist subjektiv. Dennoch besitzen Menschen Vorlieben für Farben. Untersuchungen zeigen, dass die Lieblingsfarben bei Männern *und* bei Frauen Blau, Rot und Grün sind, die Farben der additiven Farbmischung.

Farbassoziationen

Jeder Mensch bringt Farben mit Begriffen oder Stimmungen in Verbindung.

Durch die Farbgestaltung nehmen Sie Einfluss auf die unbewusste Wahrnehmung einer Webseite.

Rot ist

Liebe
Energie
Blut
Krieg
Leidenschaft
Gefahr
Wärme
Feuer
…

Grün ist

Hoffnung
Natur
Gift
Frühling
Ruhe
Gesundheit
Erholung
…

Blau ist

Technik
Natur
Wasser
Gelassenheit
Kühle
Ruhe
Seriosität
…

Farbakzente

Sie kennen sicher das Sprichwort:
„Man sieht den Wald vor lauter Bäumen
nicht." Auf Farbe bezogen heißt dies:
Wenn Sie Farbe ständig und überall
einsetzen, können Sie damit nichts
mehr hervorheben.

Seit einigen Jahren geht der Trend in
die entgegengesetzte Richtung. Der Einsatz von Farben auf Webseiten ist stark
reduziert. Als Hintergrund wird derzeit
häufig Weiß oder Schwarz verwendet
und auch im Vordergrund dominieren
oft unbunte Farben. Dies hat zur Folge,
dass das Auge des Betrachters auf die
wenige Farbe gelenkt wird – ein unbewusst ablaufender Vorgang. Auf neu-
tralem Hintergrund entwickeln Farben
eine höhere Leuchtkraft und kommen
hierdurch zur Geltung.

Betrachten Sie die rechts dargestellten Screenshots der Webauftritte
von Nike, Apple und Mercedes: Farbe
kommt ausschließlich in den vorgestell-
ten Produkten vor. Die überwiegend
durch unbunte Töne gestalteten Webdesigns lassen die Seiten elegant, seriös
und edel erscheinen, passend zu den
Premium-Produkten, die auf den Seiten
vorgestellt werden.

Farbleitsystem

Farbe kann, im wahrsten Sinne des
Wortes, eine leitende Funktion überneh-
men – man spricht in diesem Fall von
einem *Farbleitsystem*.

Der Webauftritt der ARD (siehe
Screenshot links) verwendet ein sol-
ches Leitsystem. Jeder Sparte ist eine
Leitfarbe zugeordnet: Nachrichten sind
(traditionell) Blau, Ratgeber ist Cyan,
Kultur ist Rot, Wissen ist Violett usw.
Hat der Nutzer nach einiger Zeit die
Bedeutung der Farben gelernt, wird er
bereits anhand der Farbe erkennen, in
welcher Sparte er sich befindet.

Auch für diese *Bibliothek der Mediengestaltung* verwenden wir Leitfarben,
um Ihnen die Nutzung der Bände zu
erleichtern. Diesem Band haben wir die
Farbe Dunkelblau (siehe oben rechts)
zugeordnet, das gesamte Farbspektrum
finden Sie im Vorwort.

Farbakzente
Drei Beispiele für
Webseiten, die Farbe
gezielt und redu-
ziert einsetzen und
dadurch die bewor-
benen Produkte in
Szene setzen.

71

3.4.6 Farbwahl

Der (s)RGB-Farbraum besitzt über 16 Millionen Farben, aus denen Sie für eine Webseite vielleicht drei oder vier auswählen müssen. Nun haben Sie die berühmte Qual der Wahl.

In den letzten Abschnitten haben Sie einige technische und gestalterische Regeln kennengelernt, die bei der Farbauswahl berücksichtigt werden müssen:

- Farben müssen, falls sie auch für Printmedien benötigt werden, druckbar sein. Hier hilft die Farbumfangswarnung von Photoshop oder Illustrator weiter.
- Farben müssen geeignete Farbkontraste bilden. Wichtige Regeln finden Sie in der Tabelle auf Seite 69.
- Farben haben nicht nur schmückenden Charakter, sondern erfüllen auch Funktionen. Sie gliedern, leiten, heben hervor usw.

L*a*b*-Farbraum

Bei L*a*b* sind alle Farben auf einer Scheibe angeordnet. Von innen nach außen nimmt die Farbsättigung zu. Die Helligkeit der Farbe nimmt von unten nach oben zu.

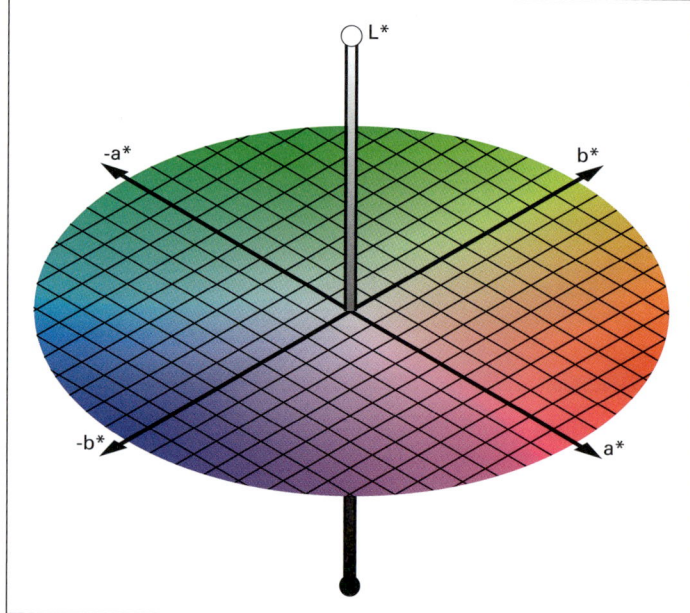

- Farben müssen letztlich zur Zielgruppe passen. Nicht jeder mag es knallig-bunt.

L*a*b*-Farbraum

Die oben genannten Regeln geben gute Anhaltspunkte, reichen aber noch nicht aus, um Farben auszuwählen, die in einem harmonischen Verhältnis zueinander stehen.

Für die Farbauswahl ist der ungleichmäßig geformte RGB-Farbraum nicht gut geeignet. Aus diesem Grund wurden dessen Farben in den sogenannten *L*a*b*-Farbraum* umgerechnet. Dieser ist einerseits geräteunabhängig und berücksichtigt andererseits die Farbwahrnehmung durch unsere Augen.

Die Grafik zeigt einen Schnitt durch den L*a*b*-Farbraum. Wie Sie sehen, sind die Farben auf einer Scheibe angeordnet. Jede Farbe, bzw. ihr Ort im Farbraum, kann nun durch drei Kenngrößen beschrieben werden:

- Die *Helligkeit* L* (Luminanz) wird durch die Lage auf der senkrechten Grauachse bestimmt. Am oberen Ende finden Sie Weiß, am unteren Ende Schwarz.
- Die *Sättigung* C* (Chroma) ergibt sich aus dem Abstand der Farbe von der Grauachse. Am äußeren Rand liegen die maximal gesättigten Farben.
- Der *Farbton* H* (Hue) schließlich ergibt sich aus den Koordinaten a* und b*.

Dies hört sich zunächst kompliziert an, doch bietet diese Beschreibung der Farben einen großen Vorteil bei der Farbauswahl.

Farbharmonien

Im L*a*b*-Modell ist es sehr einfach möglich, Farben zu wählen, die sich nur in einer der drei Kenngrößen voneinander unterscheiden. Sie können also z. B.

Farben wählen, die einen unterschiedlichen Farbton H*, aber eine identische Helligkeit L* und Sättigung C* besitzen. Wenn Sie zusätzlich dafür sorgen, dass die gewählten Farbtöne einen gleich-

mäßigen Abstand besitzen, dann ergeben sich Farben, die in einem harmonischen Verhältnis zueinander stehen. Die Grafiken links zeigen drei Beispiele für Farbdreiklänge.

Farbdreiklang
(Farbe-an-sich-Kontrast)

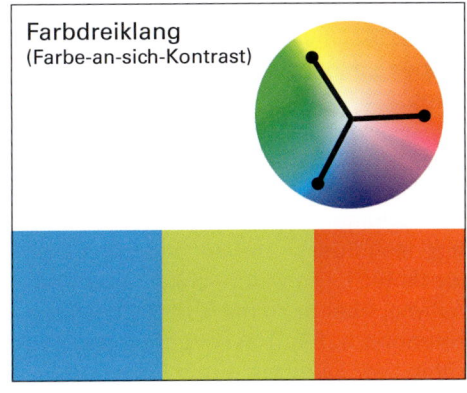

Farbdreiklang
(Kalte Farben)

Farbdreiklang
(Qualitätskontrast)

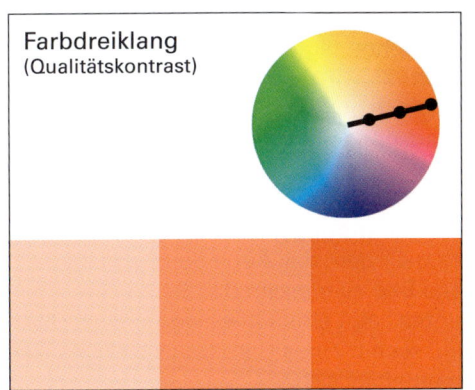

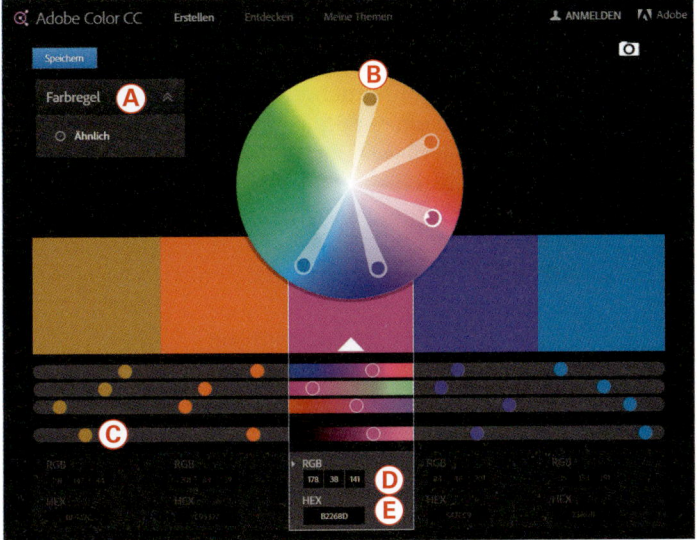

Adobe Color – Making of …

Um Farbharmonien zu finden, gibt es hilfreiche Tools, z. B. *Adobe Color CC* (color.adobe.com/de).

1 Wählen Sie die gewünschte Farbregel **A**, z. B. Ähnlich.

2 Ziehen Sie die Farbregler **B** an die gewünschte Position. Die Sättigung nimmt von außen nach innen ab.

3 Wählen Sie am untersten Regler **C** die gewünschte Helligkeit

4 Notieren Sie sich die RGB-Werte **D** der gefundenen Farben. Alternativ können Sie im Farbwähler von Photoshop oder Illustrator den hexadezimalen Code **E** eingeben.

Adobe Color

Adobe Color ist ein kostenloses Webtool zur Auswahl von Farben, die in einem harmonischen Verhältnis zueinander stehen.

3.5 Bilder und Grafiken

Bilder und Grafiken sind die wichtigsten Komponenten von Webseiten. Als visuelle Lebewesen nehmen wir Menschen Informationen viel schneller und besser über den Sehsinn auf als über den Hör-, Riech-, Geschmacks- oder Tastsinn. Außerdem sagen Bilder bekanntlich mehr als Tausend Worte.

Das Thema ist so umfangreich, dass wir ihm mehrere Bände (*Digitales Bild*, *Digitale Fotografie*, *Zeichen und Grafik*) in dieser Buchreihe gewidmet haben. Auf diesen wenigen Seiten kommen deshalb vor allem die Aspekte zur Sprache, die für die Verwendung von Bildern oder Grafiken im Webdesign gelten.

3.5.1 Bildgestaltung

Die Regeln der Bildgestaltung gelten gleichermaßen für gedruckte wie für digitale Bilder. Wir fassen an dieser Stelle deshalb nur einige wichtige Grundregeln zusammen.

Bildaufbau
Eine bekannte Regel zur Platzierung eines Bildmotivs ist die *Drittel-Regel*, eine vereinfachte Umsetzung des Goldenen Schnitts. Die Horizontale und Vertikale des Bildes werden jeweils in drei gleich große Bereiche aufgeteilt. Durch die Teilung entstehen neun Bildbereiche. Ein spannender Bildaufbau ergibt sich, wenn das Hauptmotiv des Bildes in einem der vier Schnittpunkte platziert wird – im Beispiel rechts oben das Auge des Eisvogels.

Bildausschnitt
Die Beschränkung auf einen Ausschnitt des Bildmotivs macht ein Bild eventuell interessanter als die Darstellung des kompletten Motivs. Angeschnittene Motive wirken optisch größer und wecken Aufmerksamkeit und Interesse.

Linien und Perspektive
Mit Linien in Bildern führen Sie das Auge des Betrachters. Aufeinander zulaufende Linien sorgen für räumliche Tiefe, waagrechte Linien (Horizont) verleihen dem Bild Ruhe. Von links nach rechts aufsteigende Linien verbinden wir mit positiven, umgekehrt verlaufenden Linien mit negativen Emotionen.

Licht und Schatten
Die Richtung des Lichts bestimmt Licht und Schatten im Motiv. Licht und Schatten beeinflussen die Bildwirkung ganz wesentlich. Die Räumlichkeit einer Aufnahme, aber auch die Bildstimmungen, romantisch, bedrohlich, aufgeregt, ruhig usw., werden durch Licht und Schatten gestaltet.

Kameraperspektive
Die Position der Kamera in Bezug zum aufgenommenen Motiv hat einen großen Einfluss darauf, wie wir das Motiv wahrnehmen. Wird ein Motiv von unten aus der *Froschperspektive* fotografiert, wirkt es groß und mächtig, von oben *(Vogelperspektive)* klein und mickrig. Um Personen möglichst neutral erscheinen zu lassen, muss sich die Kamera ungefähr in Augenhöhe befinden.

Der ungewöhnliche Blick
Wir sehen täglich unzählige Bilder – nehmen wir sie überhaupt noch wahr? Um sich aus der Masse abzuheben, brauchen Sie ungewöhnliche Motive. Durch eine besondere Perspektive, einen untypischen Bildausschnitt oder eine stimmungsvolle Beleuchtung kann es gelingen, das Auge des Betrachters ans Bild zu fesseln. Das Beispiel rechts unten zeigt einen ungewöhnlichen Bildausschnitt eines Tieres. Um welches Tier handelt es sich?

Bildaufbau

Bildausschnitt

Linien und Perspektive

Licht und Schatten

Kameraperspektive

Der ungewöhnliche Blick

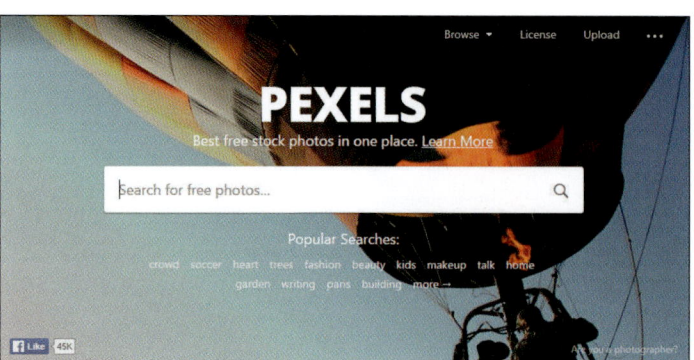

Bildarchiv

Pexels (www.pexels.com) stellt sämtliche Bilder in der CC0-Lizenz zur Verfügung. Diese gestattet eine uneingeschränkte Nutzung der Bilder.

3.5.2 Bildrecherche – Bildrechte

Das Web ist weder ein privater noch ein rechtsfreier Raum. Für alles, was Sie auf Ihren Webseiten veröffentlichen, müssen Sie entweder das Urheberrecht oder, wenn Sie nicht der Urheber sind, ein Nutzungsrecht haben. Und selbst wenn Sie der Urheber sind, dürfen Sie ein Foto möglicherweise nicht verwenden, weil eine darauf abgebildete Person ihre Zustimmung geben müsste. Andernfalls drohen ärgerliche und ggf. teure Abmahnungen.

Grundsätzlich haben Sie folgende Möglichkeiten, um an Bilder oder Grafiken für Webseiten zu kommen:

- Ihr Kunde, für den Sie die Website erstellen, verfügt über eigenes Bildmaterial und liefert dieses mit.
- Sie fotografieren selbst. Sind Personen abgebildet, müssen diese der Veröffentlichung im Internet schriftlich zustimmen (Recht am eigenen Bild). Dies gilt nur dann nicht, wenn die Personen zwar auf dem Bild, aber nicht das eigentliche Motiv sind, weil Sie z. B. ein Gebäude fotografieren.
- Sie nutzen Bilder aus Bildarchiven, die eine lizenzfreie Nutzung gestatten, z. B. von *Pixabay* (pixabay.com/de) oder *Pexels* (www.pexels.com). In diesen Archiven stellen Hobbyfo-

tografen ihre Bilder zur Verfügung, teilweise hoher Qualität. Bilder, die Sie uneingeschränkt nutzen dürfen, besitzen die Lizenz *Creative Commons Zero (CC0)*.
- Sie erwerben eine Nutzungslizenz bei einem Bildarchiv wie *fotolia* von Adobe (de.fotolia.com) oder *Gettyimages* (www. gettyimages.de).

3.5.3 Bildtechnik

Auch als Gestalter/in brauchen Sie technisches Know-how, um Ihre Bilder in geeigneter Form für den Einsatz auf Webseiten vorbereiten zu können.

Bildauflösung

Jedes digitale Bild besteht aus quadratischen Pixeln. Das Wort Pixel ist ein Kunstwort aus *picture* und *element*. Wenn Sie ein Bild z. B. in Photoshop stark vergrößern, können Sie die einzelnen Pixel erkennen. Das Beispiel zeigt einen Bildausschnitt von 10 x 10 Pixel.

Die Gesamtzahl der Pixel der Bildbreite mal die Gesamtzahl der Pixel der Bildhöhe wird als *Bildauflösung* bezeichnet. Rufen Sie im Menü *Bild > Bildgröße* auf, um die Bildauflösung angezeigt zu bekommen. Im Screenshot rechts oben sehen Sie, dass das Bild

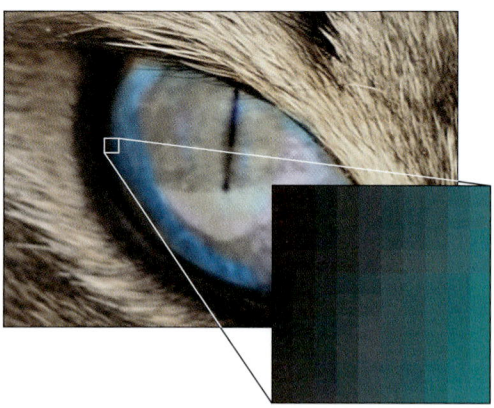

der Katze eine Auflösung von 2.440 x 1.670 Pixel **A** hat.

Im unteren Teil des Screenshots sehen Sie eine weitere Möglichkeit, die Bildauflösung anzugeben, nämlich als Anzahl an Pixeln pro Längeneinheit, hier: Zoll (engl.: Inch). Das Bild hat also eine Auflösung von 300 ppi (Pixel pro Inch) **B**. Worin liegt der Unterschied?

Die Angabe der Auflösung in der Einheit ppi ist wichtig, wenn Sie das Bild drucken wollen. Für die Verwendung auf Displays ist die Angabe der Auflösung in der Form Breite mal Höhe in Pixel sinnvoller, da die Auflösung von Monitoren und Displays ebenfalls in dieser Form angegeben wird (siehe Seite 46). Doch weshalb ist die Bildauflösung für das Webdesign überhaupt von Bedeutung? Dies hat im Wesentlichen zwei Gründe.

Nicht nur das Layout, sondern auch die Bilder einer Webseite müssen heute *responsiv* sein, sich also an die Displaygröße anpassen. Dies wird dadurch erreicht, dass die Bildbreite nicht absolut in Pixel, sondern relativ in Prozent angegeben wird. Die CSS3-Angabe `width:100%` sorgt dafür, dass sich die Bildbreite immer an die Breite des Browserfensters bzw. Displays anpasst.

Nun unterscheidet sich die Auflösung heutiger Displays massiv. Deshalb stellt sich die Frage, wie groß die Bildauflösung gewählt werden muss, damit das Bild auf allen Displays „funktioniert"? Die naheliegende Vermutung ist: Da sich Bilder ohne Qualitätsverlust verkleinern lassen, eine Vergrößerung aber immer zur Verschlechterung der Bildqualität führt, sollte das Bild an das größte Display angepasst werden. Leider handeln Sie sich dadurch ein zweites Problem ein: Die Datenmenge wird (zu) groß.

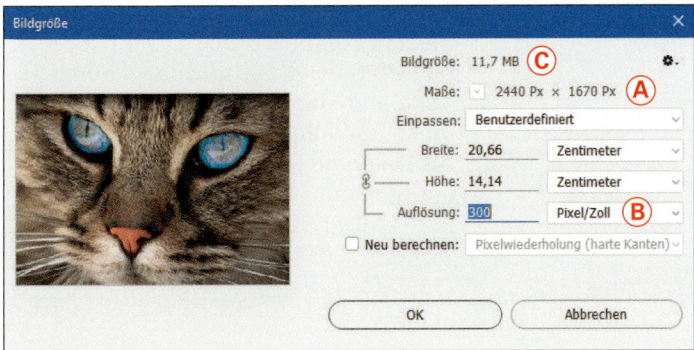

Datenmenge

Zur Berechnung der Datenmenge wird neben der Bildbreite und Bildhöhe ein dritter Kennwert benötigt: Die *Farb- oder Datentiefe* definiert die maximale Anzahl an Farben, die das Bild haben kann. Die Einheit der Farbtiefe ist die Speichereinheit Bit.

Da Computer im Zweiersystem (Binärsystem) arbeiten, besteht zwischen der Anzahl an Speicherstellen und der Anzahl an Farben folgender Zusammenhang:

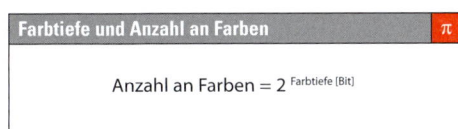

Farbtiefe und Anzahl an Farben

$$\text{Anzahl an Farben} = 2^{\text{Farbtiefe [Bit]}}$$

Beispiel: RGB-Bilder mit einer Farbtiefe von 24 Bit können $2^{24} = 16{,}7$ Mio. Farben speichern. Die Datenmenge D eines Bilder lässt sich nun berechnen:

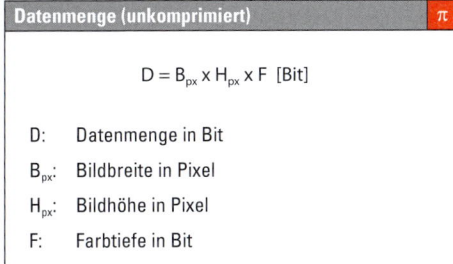

Datenmenge (unkomprimiert)

$$D = B_{px} \times H_{px} \times F \ \text{[Bit]}$$

D:	Datenmenge in Bit
B_{px}:	Bildbreite in Pixel
H_{px}:	Bildhöhe in Pixel
F:	Farbtiefe in Bit

Bildgröße

Für Webanwendungen ist die Bildauflösung **A** von Bedeutung. Sie bestimmt, wie groß das Bild auf dem Gerätedisplay dargestellt wird.

Zur Umrechnung in Kilobit [KBit] teilen Sie das Ergebnis durch 1.024. Für Megabit [MBit] teilen Sie nochmals durch 1.024 und Megabyte [MB] erhalten Sie durch abschließende Division durch 8. Als Datenmenge des Katzenbildes ergibt somit:

```
2.440 x 1.670 x 24 Bit
              = 97.795.200 Bit
              =     95.503 KBit
              =       93,3 MBit
              =      11,66 MB
```

Zu diesem Ergebnis kommt auch Photoshop (siehe **C** auf der letzten Seite).

Wozu das Ganze? Die Rechnung zeigt, dass bereits ein einziges Bild eine so hohe Datenmenge besitzt, dass seine Verwendung in dieser Form nicht möglich ist. Denn die Internetanbindung wird zwar immer besser, doch sind wir noch weit davon entfernt, dass derart hohe Datenmengen schnell genug übertragen werden könnten. Nehmen wir an, dass Sie über einen Internetzugang von 10 MBit/s[1] verfügen – kein schlechter Wert! Selbst bei optimalen Bedingungen würde es etwa zehn Sekunden dauern, bis obiges Bild mit 93,3 MBit übertragen ist. So lange wartet niemand auf ein Bild!

Zwei Maßnahmen tragen zu einer Reduktion der Datenmenge bei:

1. Reduktion der Auflösung: Durch Halbierung der Pixel in Breite und Höhe reduziert sich die Datenmenge bereits um 75 %!
2. Bildkompression durch Abspeichern in einem webtauglichen Dateiformat. Hierauf gehen wir im nächsten Kapitel ein.

---

1 Wir unterschlagen an dieser Stelle, dass bei Datenraten üblicherweise mit Zehnerpotenzen gerechnet wird, und M für 1.000.000 steht. Der Unterschied beträgt nur wenige Prozent.

3.5.4 Dateiformate

Aktuell gibt es vier Dateiformate für Bilder und Grafiken, die im Web eine Rolle spielen.

GIF

GIF (von *Graphics Interchange Format*) ist der „Veteran" der Dateiformate auf Webseiten. Obwohl das neuere PNG-Format GIF in etlichen Punkten überlegen ist, finden sich immer noch sehr viele GIF-Bilder im Internet – die Macht der Gewohnheit. Die Merkmale von GIF-Dateien sind:

- GIF besitzt eine Farbtiefe von bis zu 8 Bit, kann damit maximal 256 Farben darstellen.
- GIF komprimiert die Bilddaten ohne Qualitätsverlust.
- Einzelne Farben können aus der Farbtabelle gelöscht und damit transparent gemacht werden.
- Mit GIF können Sie Animationen nach dem Daumenkino-Effekt erstellen (Animated GIF).

Wegen der Beschränkung auf 256 Farben eignet sich das GIF-Format nur für Vorlagen mit wenigen Farben: Infografiken, Diagramme, Buttons Logos, Strichzeichnungen, Text als Grafik.

JP(E)G

JPEG (oder: JPG) – Abkürzung für *Joint Photographic Experts Group* – ist ein auch heute durch Smartphones und Digitalkameras weit verbreitetes Dateiformat. Seine wesentlichen Merkmale sind:

- JPEG-Bilder können bis zu 2^{24} = 16,7 Millionen Farben enthalten und besitzen damit den kompletten RGB-Farbumfang.
- Die gewünschte Bildqualität kann beim Abspeichern gewählt werden:

Auf diese Weise kann ein Kompromiss zwischen möglichst geringer Datenmenge (und damit Ladezeit) und möglichst hoher Qualität gefunden werden.

Aufgrund des vollen Farbumfangs eignet sich JPEG immer dann, wenn Ihre Vorlagen viele Farben enthalten: Fotos, oder andere Bilder mit vielen Farben, z. B. Farbverläufe. Bei scharfen Konturen wie bei Text oder in Grafiken hat das Kompressionsverfahren seine Schwächen und führt zu einem „Verschmieren" der Konturen.

PNG

PNG (sprich: Ping) steht für *Portable Network Graphics*. PNG wurde als lizenzfreie Alternative zu JPG und GIF entwickelt und wird mittlerweile durch alle Browser unterstützt. Das Format liegt in zwei Versionen vor: PNG-8 und PNG-24.

- *PNG-8* beschränkt die Farbanzahl auf 8 Bit, was 256 (2^8) Farben entspricht. Seine Merkmale und Anwendungsmöglichkeiten entsprechen somit denen von GIF-Dateien. Animationen sind mit PNG-8 jedoch nicht möglich.
- *PNG-24* speichert Bilder wie JPEG mit 2^{24} = 16,7 Millionen Farben. Im Unterschied zu JPEG komprimiert PNG-24 verlustfrei, zeigt also nicht die JPG-typischen Artefakte (siehe Screenshot). Diesen Vorteil erkaufen Sie sich mit einer höheren Datenmenge. Ein neben der sehr guten Qualität weiterer Vorteil von PNG-24 ist, dass dieses Format – im Unterschied zu GIF – echte Transparenz ermöglicht. Dies unterscheidet PNG von GIF, das nur einzelne Farben transparent machen kann.

Zusammenfassend lässt sich sagen, dass PNG-8 als bessere Alternative zu GIF eingesetzt werden kann, um

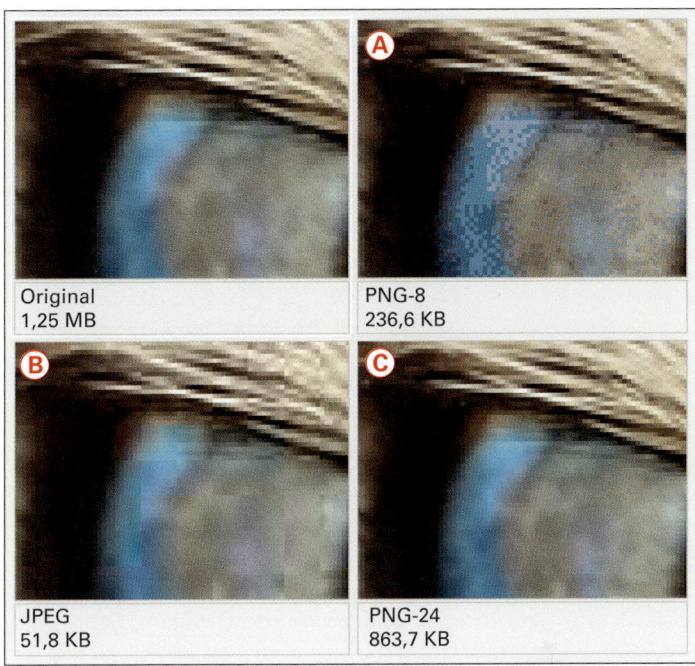

Original
1,25 MB

PNG-8
236,6 KB

JPEG
51,8 KB

PNG-24
863,7 KB

Grafiken abzuspeichern. PNG-24 liefert qualitativ hochwertige Ergebnisse und ermöglicht echte Freistellungen, reduziert die Datenmenge jedoch wenig.

SVG

Bei SVG *(Scalable Vector Graphic)* handelt es sich im Unterschied zu den drei vorherigen Formaten um ein Format für Vektorgrafiken. Vektorgrafiken speichern den Bildinhalt nicht Pixel für Pixel ab, sondern beschreiben die Elemente der Grafik mathematisch. Ein Kreis ist z. B. durch seinen Mittelpunkt und Radius definiert. Im Unterschied zu Pixelbildern wird eine Vektorgrafik erst beim Öffnen in Pixel umgerechnet. Darüber hinaus besitzen SVG-Dateien folgende Merkmale:

- Vektorgrafiken sind von der Displayauflösung unabhängig, da die Grafik beliebig skalierbar ist. Die Qualität bleibt immer gleich hoch.

Vergleich der Dateiformate

In Photoshop oder Illustrator können Sie im Menü *Datei > Exportieren > Für Web speichern...* die Dateiformate vergleichen:
A PNG-8: Für Fotos ungeeignet, weil max. 256 Farben möglich sind.
B JPEG, niedrige Qualität: Qualitätsverluste (Quadratbildung), aber sehr geringe Datenmenge
C PNG-24: Qualität wie Original, aber sehr hohe Datenmenge

Dateiformate für Bilder und Grafiken

In der Tabelle finden Sie eine Zusammenstellung der wichtigsten Merkmale der Dateiformate.

Format	JPEG	GIF	PNG-8	PNG-24	SVG
Vektorformat	nein	nein	nein	nein	ja
Farben (max.)	16,7 Mio.	256	256	16,7 Mio.	16,7 Mio.
Qualität	wählbar	hoch	hoch	hoch	hoch
Animation	nein	ja	nein	nein	ja
Skalierbarkeit	nein	nein	nein	nein	ja
Transparenz	nein	ja	nein	ja	ja
ICC-Profil	ja	nein	nein	nein	nein
Anwendung	Fotos	Grafiken	Grafiken	Fotos, freigestellte Bilder	(skalierbare) Grafiken

- In SVG können Sie Schriften als Pfade abspeichern, so dass der Zeichensatz der Schrift nicht mehr erforderlich ist.
- SVG-Vektorgrafiken können animiert werden.
- SVG kann Pixelbilder einbinden.

SVG-Dateien eignen sich für Grafiken aller Art: Infografiken, Logos, Diagramme, animierte Grafiken, Schrift (als Grafik).

Making of ...

Photoshop und Illustrator ermöglichen das Exportieren von Bildern oder Grafiken für (responsive) Webseiten.

1 Markieren Sie in der Ebenen-Palette alle zu exportieren Ebenen **A**.

2 Machen Sie einen Rechtsklick und wählen Sie *Exportieren als...*

3 Wählen Sie für jede Ebene das passende Dateiformat **B**.

4 Passen Sie ggf. die Bildgröße **C** an.

5 Klicken Sie auf + **D**, um das Bild in weiteren Auflösungen zu speichern. Mit CSS3 kann später die Geräteauflösung abgefragt und das passende Bild geladen werden.

Bilder und Grafiken für Web exportieren

Photoshop und Illustrator bieten die Möglichkeit, Bilder oder Grafiken gleichzeitig in mehreren Auflösungen zu exportieren. Mit Hilfe von CSS3 können die Bilder später in Abhängigkeit von der Auflösung des Endgeräts zugewiesen werden.

80

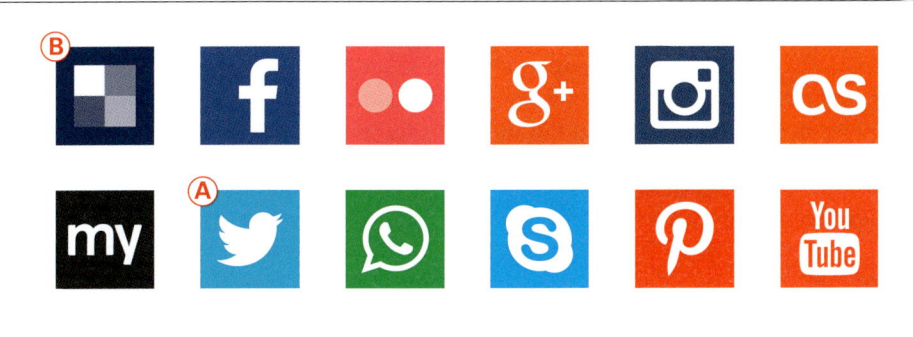

Icons für Social Bookmarks

Welche Social Bookmarks kennen Sie, welche nicht? Ist die Bedeutung nicht bekannt, funktioniert das Icon nicht.

3.5.5 Icons

Icons sind eine Besonderheit der digitalen Medien, weshalb wir Ihnen ein eigenes Kapitel widmen. Dabei sind Icons nichts Neues, denn es gibt sie schon seit der Erfindung der grafischen Benutzeroberfläche für Computer. Alle modernen Betriebssysteme nutzen fast ausschließlich grafische Elemente, die mittels Maus bedient werden – denken Sie an die sogenannte Taskleiste. Die Tastatur wird kaum mehr benötigt.

Durch die massenhafte Verbreitung und Nutzung mobiler Endgeräte, die ausschließlich mit dem Finger bedient werden, haben Icons nochmals an Bedeutung gewonnen.

Merkmale von Icons

Ein Icon ist entweder eine stark verkleinerte grafische Darstellung eines realen Objekts (z. B. Vogel bei Twitter **A**) oder eine frei gestaltete Grafik (z. B. die vier Quadrate bei Delicious **B**). Im ersten Fall spricht man von einer *ikonischen*, im zweiten von einer *symbolischen* Darstellung. Letztere hat den Nachteil, dass deren Bedeutung durch den Nutzer gelernt werden muss. Auch Buchstaben sind Symbole, deren Bedeutung wir in der Grundschule erlernt haben. Menschen, die eine Sprache mit einem anderen Zeichensatz sprechen, sagen Icons mit Buchstaben überhaupt nichts.

Der Einsatz von Icons ist also nur sinnvoll, wenn sie verständlich, selbsterklärend und intuitiv verwendbar sind. Ihre *Vorteile* im Vergleich zu Text sind:

- Grafische Elemente sind unabhängig von der Landessprache und damit international verständlich.
- Ist die Bedeutung bekannt, sind sie schneller erfassbar als Text.
- Grafische Elemente können auch von Personen erfasst werden, die nicht lesen können, z. B. Kinder, Analphabeten, oder die die Sprache nicht sprechen.
- Grafische Elemente wirken, wenn sie gut gestaltet sind, ansprechend.

Trotz dieser Vorteile birgt die Verwendung grafischer Elemente auch eine Reihe von *Gefahren*:

- Ist die Bedeutung der Grafik nicht bekannt oder unklar, wird die Benutzung zum Ratespiel. Beispiel: Noch immer verwenden manche Programme eine Diskette als Icon für das Speichern einer Datei. Da es schon lange keine Disketten mehr gibt, können viele diesem Icon keine Funktion zuordnen.
- Die symbolische Bedeutung einer Grafik kann sich international durchaus unterscheiden. Bestes Beispiel ist der Rechtspfeil: In unserem

Was ist das?

Zurück oder vor?

Kulturraum wird dieser – bedingt durch die Leserichtung von links nach rechts – als „weiter" oder „vorwärts" interpretiert. In arabischen Ländern mit umgekehrter Leserichtung hat der Rechtspfeil die Bedeutung „zurück" oder „rückwärts". In China muss ein Vorwärtspfeil nach unten zeigen.

Metaphern

Die Grundidee aller grafischen Benutzeroberflächen besteht darin, den Bildschirm als virtuellen Schreibtisch zu betrachten, daher ja auch der – mittlerweile etwas veraltete – Begriff DTP (Desktop-Publishing).

Der Begriff „Schreibtisch" erhält am Computer eine neue Bedeutung oder besser gesagt: Die Bedeutung des Begriffes „Schreibtisch" wird auf den Computer übertragen. Die Übertragung der Bedeutung eines Begriffes wird als *Metapher* bezeichnet, denken Sie

beispielsweise an Wolkenkratzer für Hochhaus, Wüstenschiff für Kamel oder Nussschale für ein kleines Boot.

Nach Einführung der Schreibtisch-Metapher ist es ein Leichtes, weitere Metaphern zu finden, z. B.

- Briefumschlag für E-Mails,
- Blatt mit Eselsohr (auch dieser Begriff ist eine Metapher) für Dateien,
- Lupe für die Suchfunktion,
- Papierkorb für das Löschen von Dateien.

In der Grafik unten sind Windows-Icons dargestellt, die alle in einem Bezug zur Schreibtisch-Metapher stehen.

Den intuitiven Umgang mit Metaphern können Sie sich beim Entwurf von Icons zunutze machen, denn auch im Bereich des Webdesigns sind viele Bildmetaphern eingeführt, die keiner weiteren Erklärung mehr bedürfen.

Metaphern

Metaphern ordnen Begriffen eine neue Bedeutung zu. Die Grafik zeigt Windows-Icons rund um die Schreibtisch-Metapher.

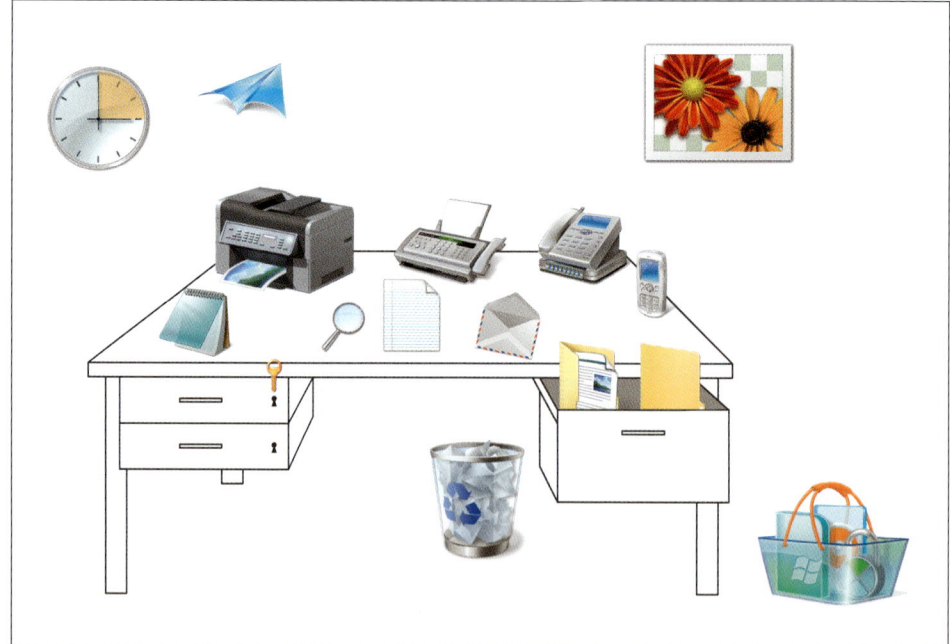

Iconserien gestalten

Wie immer unterliegt auch die Gestaltung von Icons dem Zeitgeist: Die Icons der Betriebssysteme macOS bzw. Windows sind aktuell dreidimensional und fotorealistisch, während Apps, v. a. bei iOS, sehr schlicht und reduziert sind.

Da Icons normalerweise als Serie benötigt werden oder Sie ein neues Icon in eine bestehende Serie einfügen müssen, ist es wichtig, dass diese Serie eine einheitliche Formsprache und Farbgestaltung besitzt. Apple hat strenge „Developer Guidelines" für App-Entwickler, hier ein Auszug aus den Vorgaben für Icons[2]:

- Embrace simplicity.
- Provide a single focus point.
- Design a recognizable icon.
- Keep the background simple and avoid transparency.
- Use words only when they're essential or part of a logo.
- Don't include photos, screenshots or interface elements.
- …

Apple legt großen Wert auf eine durchgängige Gestaltung seiner Icons, so dass diese sofort als iOS-Icons erkannt werden.

In der Tabelle sind wichtige Grundregeln zusammengestellt, die Sie beim Entwurf eigener Icons bzw. Iconserien beachten sollten.

Checkliste Icondesign

- Icons können fotorealistisch oder stark abstrahiert sein. Achten Sie jedoch auf eine durchgängige Gestaltung, bei der alle Icons der Serie eine einheitliche Formsprache und Farbgestaltung aufweisen.

- Die Bedeutung (Funktion) des Icons muss eindeutig und sofort erkennbar sein. Dies gilt auch dann, wenn es eine metaphorische Bedeutung besitzt.

- Bei mehrsprachigen Websites muss die internationale Verständlichkeit berücksichtigt werden. Ein „rotes Kreuz" steht nicht überall für Hilfe, ein Rechtspfeil nicht überall für vorwärts.

- Achten Sie darauf, dass Icons trotz stark verkleinerter Darstellung eindeutig erkennbar sein müssen. Verzichten Sie auf alle unnötigen Details.

- Ergänzen Sie zusätzlich Text, wenn die Bedeutung eines Icons erst erlernt werden muss. Eine weitere Möglichkeit ist, dass der Text erst bei Berührung des Icons eingeblendet wird (ein sogenannter *Tooltipp*).

Icon für iOS-Apps

Apple macht strenge Vorgaben für den Entwurf von Icons. Das Ergebnis ist eine durchgängige Formsprache und Farbgestaltung.

---

2   https://developer.apple.com/ios/human-interface-guidelines/graphics/app-icon/ (abgerufen am 27.11.2016).

3.6 Aufgaben

1 Auflösung berechnen

Ein 24”-Monitor hat eine Auflösung von 2.560 x 1.440 Pixeln. Rechnen Sie die Auflösung in ppi um.

2 Layouttypen kennen

Definieren Sie in einem Satz:
a. Fixes Layout

b. Fließendes Layout

c. Adaptives Layout

3 Fachbegriffe unterscheiden

Definieren Sie in einem Satz.

Wireframe:

Style Tile:

Protoyp (Mockup)

4 Webauftritt für mobile Geräte umsetzen

Ein Kunde will seinen Webauftritt an mobile Endgeräte anpassen.
a. Erklären Sie ihm den Begriff „responsives Webdesign".

b. Alternativ zu einem responsiven Design könnte auch ein zweiter Webauftritt für mobile Endgeräte erstellt
werden. Nennen Sie ein Argument,
das für und eines, das gegen diese
Vorgehensweise spricht:

Für:

Gegen:

5 Farbdarstellung auf Displays beurteilen

Zählen Sie vier Gründe auf, weshalb
Displays zur verbindlichen Wiedergabe
von Farben nicht geeignet sind.

1.

2.

3.

4.

6 Farben für Web- und Printdesign wählen

a. Erklären Sie, weshalb sich die Farbdarstellung auf Displays von gedruckten Farben unterscheidet.

b. Welche Maßnahme muss getroffen
werden, wenn die gewählten Farben
auf Displays und im Druck so ähnlich
wie möglich sein sollen?

7 Farbkontraste kennen und anwenden

a. Zählen Sie fünf Farbkontraste auf.

1.

2.

3.

4.

5.

b. Formulieren Sie drei Regeln zur Auswahl von Text- und Hintergrundfarbe.

1.

2.

3.

8 Farbe gezielt einsetzen

a. Finden Sie drei Alltagsbeispiele, bei
denen die Leit- oder Signalwirkung
von Farbe gezielt eingesetzt wird.

1.

2.

3.

b. Wozu kann die Leitfunktion von Farbe auf Webseiten genutzt werden? Geben Sie drei Beispiele.

1.

2.

3.

9 Bilddateiformat wählen

Geben Sie ein Dateiformat an für:
a. Farbfoto
b. Logo
c. Freisteller
d. Animation
e. Text als Grafik
f. Zweifarbiger Button

10 Bildausschnitt wählen

Legen Sie durch Zeichnen eines Rahmens einen Bildausschnitt fest. Beachten Sie:
- Das Hauptmotiv soll nach der Drittel-Regel platziert werden.
- Das Seitenverhältnis soll erhalten bleiben.

11 Bilddatenmenge berechnen

Berechnen Sie die Datenmenge in MB eines (unkomprimierten) RGB-Bildes im Format 1.920 x 1.280 Pixel.

12 Schriften wählen

a. Begründen Sie, weshalb sich viele Druckschriften auf Displays nicht eignen.

b. Definieren Sie den Begriff System-
schrift.

....

....

c. Zählen Sie drei Systemschriften auf,
die unter macOS und Windows vorhanden sind.

1. ....

2. ....

3. ....

d. Nennen Sie zwei Möglichkeiten, wie
Schriften verwendet werden können,
die keine Systemschriften sind.

1. ....

2. ....

13 Texte gestalten

Formulieren Sie vier Regeln zur Textge-
staltung auf Webseiten.

1. ....

....

2. ....

....

3. ....

....

4. ....

....

14 Icons verwenden

a. Formulieren Sie drei Forderungen an
die Gestaltung von Icons.

1. ....

2. ....

3. ....

b. Erklären Sie den Begriff „Metapher"
anhand eines Beispiels.

....

....

....

c. Nennen Sie fünf Metaphern, die im
Computerbereich verwendet werden.

1. ....

2. ....

3. ....

4. ....

5. ....

15 Icons entwerfen

Entwerfen Sie in Illustrator eine Icon-
serie zu folgenden Begriffen:
- Kontakt/Mail
- Hilfe
- Speichern
- Warenkorb

Hinweis: Achten Sie auf eine reduzierte,
stilisierte und abstrahierte Darstellung,
die auch bei starker Verkleinerung auf
z. B. 64 x 64 Pixel noch erkennbar ist.

4.1 Lösungen

4.1.1 Einführung

1 Webdesign erklären

a. Die Aufgabe eines Webdesigners/
einer Webdesignerin ist die Konzeption und Gestaltung von Webseiten
und Webapplikationen.
b. Maßgeblich sind die rasanten Veränderungen des Internets:
  ▪ Immer mehr Geräte (Smart-
    phones, Tablets, Fernseher usw.)
    erhalten einen Internetzugang,
    dies stellt neue Anforderungen an
    Layout und Design.
  ▪ Die Nutzer erwarten aktuelle,
    multimediale, interaktive und
    interessante Angebote.
  ▪ Immer mehr Software wird in
    Form von Apps zur Verfügung
    gestellt.

2 Responsive Webdesign definieren

a. Responsive Webdesign passt sich
bzgl. Layout und Inhalt an das jeweilige Endgerät an.
b. Internet der Dinge bezeichnet die
Möglichkeit, dass immer mehr Ge-
genstände und Geräte einen Internetzugang erhalten.
c. Semantic Web meint, dass Benutzer-
eingaben, z. B. Fragen, immer besser
durch Software verstanden werden.

3 Webdesign erklären

Design und Technik sind eng miteinander verknüpft. Webdesigner müssen
sich in technischen Fragen wie Auflösung, Formate, Datenmenge, Dateiformate auskennen, damit sie Entwürfe
machen, die sich für das jeweilige
Endgerät umsetzen lassen.

**4 Web- und Printdesign gegenüber-
stellen**

Die Lösung zu den Aufgaben a. bis h.
finden Sie in der Tabelle auf Seite 6.

5 Vorteile digitaler Medien kennen

▪ Weltweite Verfügbarkeit
▪ Ständige Verfügbarkeit durch mobile
  Endgeräte
▪ Geringere Kosten
▪ Aktualisierung problemlos möglich
▪ Modernes, zeitgemäßes Medium
▪ Multimediale Inhalte
▪ Zahlreiche Möglichkeiten zur Inter-
  aktion
▪ Einfache Anpassung an unterschied-
  liche Zielgruppen, z. B. Schriftgröße

**6 Entwicklung der Printmedien
beurteilen**

Individuelle Lösung, da persönliche
Meinung

4.1.2 Interfacedesign

1 Fachbegriffe kennen

a. Interaktivität:
Möglichkeiten des Nutzers, mit dem
Produkt in Aktion zu treten. Beispiele
sind: Formulare, Foren, Chats, Wikis.
b. (Benutzer-)Interface:
Schnittstelle zwischen Produkt und
Nutzer, in der Regel in Form einer
grafischen Oberfläche.
c. Navigation:
Gliederung/Strukturierung der Informationen eines digitalen Produkts,
Aufteilung auf einzelne Seiten, die
miteinander verlinkt werden.
d. Usability:
Benutzerfreundlichkeit eines digitalen Produkts, die sich durch eine

nachvollziehbare Navigation sowie eine gut gestaltete Benutzeroberfläche erzielen lässt.

2 Trennung von Content und Design verstehen

- Content (Inhalt) und Design können unabhängig voneinander erstellt und bearbeitet werden, z. B. durch Programmierer und Webdesigner.
- Der Content lässt sich dynamisch verwalten, z. B. per Content-Management-System.
- Für den Content können mehrere Designs erstellt werden, z. B. zur Ausgabe auf Monitoren, Handydisplays und für den Druck.
- Nachträgliche Änderungen am Design sind unabhängig vom Content möglich.
- Der Content kann vom Anbieter gepflegt werden, ohne dass er gestalterisches Know-how braucht.

3 Zielgruppen ermitteln

- Wenig Text
- Ausreichend große und lesefreundliche Schrift
- Farbenfrohe, kontrastreiche Gestaltung
- Einfache und klare Benutzerführung, bevorzugt mittels grafischer Navigationselemente
- „Hilfsfunktionen" zur Erleichterung der Navigation, z. B. Hilfe-Button oder sprachliche Kommentare
- Ausreichende Größe der Navigationselemente
- Multimediale Elemente wie Animationen oder Videos

4 Benutzerfreundliche Seiten gestalten

a. Usability

b. Kriterien:
- Zielgruppengerechtes Design
- Logische und klare Benutzerführung
- Aktualität der Inhalte
- Gute Performance mit allen Browsern, Betriebssystemen und Endgeräten
- Interaktionsmöglichkeiten mit dem Anbieter
- Barrierefreier Zugang
- Orientierungshilfen für den Nutzer, z. B. Sitemap, Breadcrumb-Navigation

5 Usability testen

- Fragebögen
- Interviews
- Mouse- oder Eye-Tracking
- Cognitive Walkthrough
- „Lautes Denken"
- Videobeobachtung

6 Navigationsstrukturen unterscheiden

- Einfache, selbsterklärende Benutzerführung
- Struktur ist vom Fachbuch bekannt
- Gute Möglichkeit der Gliederung von Informationen
- Guter Kompromiss zwischen strikter Benutzerführung (lineare Struktur) und völliger Navigationsfreiheit (Netzstruktur)
- Hohe Flexibilität und Erweiterbarkeit

7 Navigationsstruktur entwerfen

Die Lösung finden Sie in der Checkliste auf Seite 25.

8 Touchscreens kennen

- Antippen (Touch)
- Doppeltes Tippen (Double Touch)

- Senkrechtes Ziehen (Scroll)
- Horizontales Ziehen (Swipe)
- Finger spreizen (Pinch)

9 Navigationselemente für mobile Endgeräte unterscheiden

a. und b.
- Icons: Grafiken helfen Nutzern, die nicht lesen können
- Balken: einfach zu realisieren und zu bedienen
- Menü: große Anzahl an Unterpunkten möglich
- Reiter: Navigation bleibt sichtbar, kein Homebutton erforderlich
- Karussell: gut bedienbar durch Wischen mit Finger

10 Navigationsstrukturen recherchieren

Praktische Aufgabe ohne Lösung

11 Interaktive Webseiten realisieren

a. Unter „Interaktivität" versteht man die Möglichkeit der Kommunikation zwischen Anwender und Anbieter einer Website.
b. Möglichkeiten der Interaktion:
  - E-Mail-Link
  - Formular
  - Forum
  - Gästebuch
  - (Video-)Chat
  - Suchfeld

12 Navigationshilfen realisieren

- Anzeige des aktuellen Navigationspfades (Breadcrumb-Navigation)
- Eingabefeld für Suchbegriffe
- Realisierung einer Sitemap
- Farbführung

- Visuelle Rückmeldung beim Anklicken oder -tippen einer Schaltfläche

13 Barrierefreiheit definieren

a. Barrierefreie Webseiten ermöglichen Menschen mit Einschränkung den Zugang zum Web und die Nutzung.
b. Forderungen bei Barrierefreiheit:
  - Design und Inhalt strikt trennen
  - Navigationsmöglichkeit per Tastatur ermöglichen
  - Alternativtexte bei Bildern ergänzen
  - HTML5-Tags zur semantischen (inhaltlichen) Gliederung einsetzen
  - Nur CSS3 zur Formatierung der Webseite verwenden
  - Farben so wählen, dass die Webseite auch für Fehlsichtige bedienbar ist
  - Sprachliche Besonderheiten wie Abkürzungen kenntlich machen

14 Navigationsstruktur entwerfen

a. Zielgruppe Sportverein:
  - männlich und weiblich
  - alle Altersgruppen können vertreten sein
  - Familien und Singles
  - Wohnort in der Nähe des Vereins
  - alle Schul- und Berufsabschlüsse möglich
  - geringes, mittlers, hohes Einkommen
  - sportlich, aktiv, gesundheitsbewusst, sozial engagiert
  - ...
b. Baumstruktur, da sich die einzelnen Screens in sinnvoller Weise horizontal und vertikal strukturieren lassen.
c. Lösungsvorschlag siehe nächste Seite. Es sind auch andere Lösungen denkbar – es gibt hier nicht nur eine richtige Lösung.

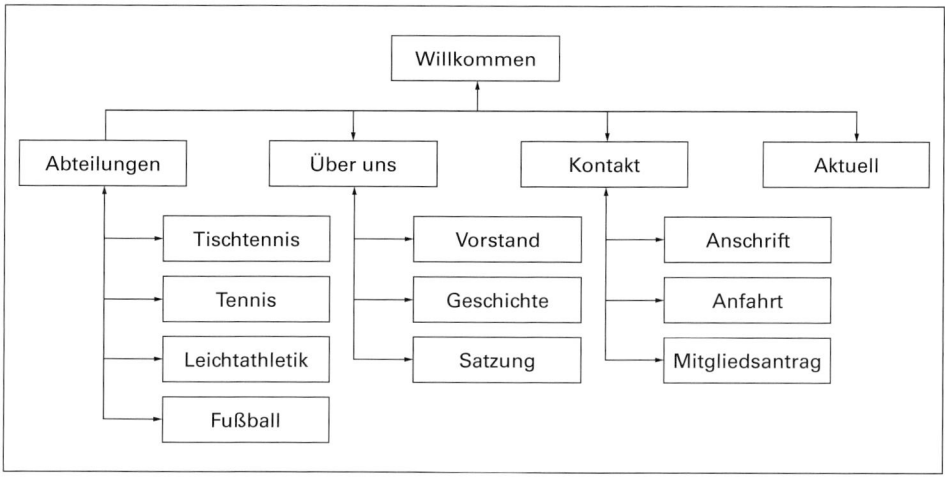

4.1.3 Screendesign

1 Auflösung berechnen

Diagonale:
$$c = \sqrt{a^2 + b^2}$$
$$= \sqrt{2560^2 + 1440^2}$$
$$= 2937 \text{ px}$$

Auflösung:
$$A = 2937 \text{ px} / 24 \text{ Inch} = 122 \text{ ppi}$$

2 Layouttypen kennen

a. Ein fixes Layout verändert sich nicht, sieht also immer gleich aus.
b. Ein fließendes Layout passt sich an die Breite (und ggf. Höhe) des Viewports an.
c. Ein adaptives Layout sieht in Abhängigkeit vom Viewport unterschiedlich aus.

3 Fachbegriffe unterscheiden

- Ein Wireframe zeigt die Konturen des Layouts ohne den späteren Content.
- Im Style Tile sind die Schriften, Farben und ggf. grafischen Elemente des Screendesigns festgelegt.
- Ein Prototyp oder Mockup ist eine funktionsfähige Demoversion der Website.

4 Webauftritt für mobile Geräte umsetzen

a. Responsives Webdesign sorgt dafür, dass eine Webanwendung an die unterschiedlichen Endgeräte angepasst wird.
b. Für: Der Umbau eines vorhandenen Webauftritts ist schwierig und dauert ggf. länger.
Gegen: Der Content muss parallel für zwei Webauftritte gepflegt werden.

5 Farbdarstellung auf Displays beurteilen

1. Unterschiedliche Farbräume
2. Farbdarstellung hängt vom Alter des Displays ab
3. Unterschiedlicher Lichteinfall
4. Blickwinkelabhängigkeit
5. Unterschiedliche Helligkeitseinstellung
6. Unterschiedliche Farbtemperatur

6 Farben für Web- und Printdesign wählen

a. Die RGB-Farbräume von Displays unterscheiden sich deutlich von den CMYK-Farbräumen im Druck.

b. Farben müssen aus der Schnittmenge beider Farbräume gewählt werden.

7 Farbkontraste kennen und anwenden

a. Farbkontraste (nach Itten):
   - Simultankontrast
   - Komplementärkontrast
   - Warm-kalt-Kontrast
   - Hell-Dunkel-Kontrast
   - Quantitätskontrast
   - Qualitätskontrast
   - Farbe-an-sich-Kontrast
b. Regeln (siehe Seite 69):
   - Ausreichend großer Kontrast
   - Dunkle Text- und helle Hintergrundfarbe (Hell-Dunkel-Kontrast)
   - Keine Komplementärkontraste
   - Zielgruppe beachten
   - Farbfehlsichtigkeit beachten
   - Negative Schrift nur bei geringer Textmenge

8 Farbe gezielt einsetzen

a. Verkehrsampel, Verkehrschilder, Blaulicht, Piktogramme, z. B. Fluchtweg
b. Leitfunktion auf Webseiten:
   - Hervorhebung, z. B. Links
   - Bezug zum Content, z.B. Nachrichten in Blau
   - Blickführung, z. B. farbige Buttons
   - Bezug zum Produkt, zur Firma

9 Bilddateiformat wählen

a. Farbfoto: JPG
b. Logo: SVG
c. Freisteller: PNG-24
d. Animation: GIF
e. Text als Grafik: SVG, PNG-24
f. Zweifarbiger Button: PNG-8

10 Bildausschnitt wählen

Das Hauptmotiv (Schild, Baum) befindet sich im Schnittpunkt einer horizontalen und vertikalen Linie.

Einen Lösungsvorschlag sehen Sie unten. Natürlich sind auch andere Lösungen denkbar.

11 Bilddatenmenge berechnen

$$
\begin{aligned}
D &= 1.920 \times 1.280 \times 24 \text{ Bit} \\
&= 58.982.400 \text{ Bit} \quad | : 8 \\
&= 7.373.800 \text{ Byte} \quad | : 1024 \\
&= 7.200 \text{ KB} \quad | : 1024 \\
&= 7{,}0 \text{ MB}
\end{aligned}
$$

12 Schriften wählen

a. Druckschriften sind an das relativ grobe Pixelraster vieler Displays nicht optimal angepasst.
b. Schriften, die mit dem Betriebssystem installiert werden.
c. Arial, Trebuchet, Verdana, Lucida
d. Webfonts verwenden oder Schrift als Grafik speichern.

13 Texte gestalten

1. Zeilenlänge beachten, max. 60 Zeichen/Zeile
2. Text gliedern, auch mit Leerzeilen
3. Relative Einheiten für Schriftgrößen
4. Keine kursive Auszeichnung, sondern fett oder farbig
5. Längere Texte durch Teaser einleiten
6. Längere Texte auch in Druckversion bereitstellen.

14 Icons verwenden

a. Icondesign:
   - Einheitliche Formsprache und Farbgebung
   - International verständlich
   - Klar erkennbare Bedeutung
   - Reduzierte, abstrahierte Darstellung bei Grafiken
b. Übertragung der wörtlichen Bedeutung auf einen neuen Begriff, z. B. Rabeneltern, Warteschlange.
c. Papierkorb: Datei löschen
   Haus: Homepage
   Lupe: Suchfunktion

Ordner: Dateisammlung
Schloss: Verschlüsselung
Blatt: Datei

15 Icons entwerfen

4.2 Links und Literatur

Links

Adobe Color
https://color.adobe.com/de

Barrierefreies Webdesign
www.barrierefreies-webdesign.de
http://einfachsurfen.sozialnetz-service.de
http://www.pro-retina.de/simulation
http://www.leichtesprache.org

Bilder-Generator
http://dummy-image-generator.com

Blindtext-Generator
www.blindtextgenerator.de

Bildarchive
www. gettyimages.de
https://de.fotolia.com
https://pixabay.de
www.pixelio.de
www.pexels.com

Single-Page-Design
https://onepagelove.com

Style Tile (Photoshop-Vorlage)
www.styletil.es

Wireframe- und Prototyping-Tools
http://www.produktmanagementpraxis.de/
links/die-beste-wireframe-prototype-software-
im-vergleich/
https://wireframe.cc

Webfonts
https://fonts.google.com
www.fontshop.com/webfonts
https://typekit.com/fonts
http://webfontsanbieter.de

Literatur

Joachim Böhringer et al.
Kompendium der Mediengestaltung
I. Konzeption und Gestaltung
Springer Vieweg 2014
ISBN 978-3642545801

Joachim Böhringer et al.
Kompendium der Mediengestaltung
II. Medientechnik
Springer Vieweg 2014
ISBN 978-3642545849

Joachim Böhringer et al.
Kompendium der Mediengestaltung
IV. Medienproduktion Digital
Springer Vieweg 2014
ISBN 978-3642548147

Andrea Ertel, Kai Laborenz
Responsive Webdesign: Anpassungsfähige
Websites programmieren und gestalten
Rheinwerk Computing 2014
ISBN 978-3836232005

4.3 Abbildungen

S3, 1: https://stuffandnonsense.co.uk/
(Zugriff: 30.08.2016)
S4, 1: http://www.google.de (Zugriff: 30.08.2016)
S5, 1: Autoren
S8, 1a, b, 2a, b: Styleguide des ZDF
S9, 1a, b, 2a, b: Styleguide des ZDF
S12, 1: https://de.jura.com (Zugriff: 26.08.2016)
S12, 2: https://de.jura.com/de/produkte-
haushalt/kaffeevollautomaten/Z6-Alu-EU-15129
(Zugriff: 26.08.2016)
S13, 1: Autoren
S14, 1: Autoren
S15, 1: https://de.wordpress.org/themes/
browse/new/ (Zugriff: 24.08.2016)
S16, 1, 2: https://dr-best.de/zahnbuersten/
zahnbuersten-erwachsene/x-zwischenzahn.
html (Zugriff am 31.08.2016)
S17, 1: Interface Consult, www.usability.at
S18, 1a, b: Interface Consult, www.usability.at
S19, 1: http://www.wdrmaus.de/
(Zugriff am 31.08.2016)
S19, 2: http://www.portal-fuer-senioren.com/
(Zugriff am 31.08.2016)
S20, 1: Autoren
S21, 1: Autoren
S22, 1: Autoren
S22, 2: https://onepagelove.com
(Zugriff: 05.09.2016)
S23, 1: Autoren
S23, 2: https://de.wikipedia.org/wiki/
Wikipedia:Hauptseite
(Zugriff: 05.09.2016)
S24, 1, 2: Autoren
S25, 1: http://www.m.spiegel.de
(Zugriff: 27.08.2016)
S26, 1: http://www.freiburg.de/pb/,Lde/205243.
html (Zugriff: 02.09.2016)
S28, 1: http://www.adidas.de
(Zugriff: 03.09.2016)
S29, 1: Autoren
S30, 1: www.audi.de/de/brand/de/neuwagen.
html (Zugriff: 03.09.2016)
S30, 2: https://www.bahn.de
(Zugriff: 03.09.2016)
S30, 3: https://www.amazon.de
(Zugriff: 03.09.2016)

S31, 1: Autoren
S32, 1: http://de.tommy.com/
Lederjacken/101034,de_DE,sc.html (Zugriff:
01.09.2016)
S33, 1: Grafik: Autoren, Datenquelle: JIM-
Studie 2015
S34, 1: www.audi.de/de/brand/de/neuwagen/
a3/a3.html (Zugriff: 03.09.2016)
S35, 1a, 1b: Autoren
S36, 1: https://pixabay.com/de/barrierefrei-
schild-zugang-1138387/ (Zugriff: 31.08.2016)
S36, 2: www.barrierefreies-webdesign.de
(Zugriff: 05.09.2016)
S38, 1: https://de.wikipedia.org/wiki/Ishihara-
Farbtafel (Zugriff: 05.09.2016)
S38, 2: http://einfachsurfen.sozialnetz-service.
de (Zugriff: 05.09.2016)
S39, 1: https://de.wikipedia.org/wiki/Ishihara-
Farbtafel (Zugriff: 05.09.2016), bearbeitet in
Photoshop
S40, 1a: http://www.bundestag.de (Zugriff:
05.09.2016)
S40, 1b: http://www.bundestag.de/leichte_
sprache/was_macht_der_bundestag (Zugriff:
05.09.2016)
S46, 1: Autoren
S48, 1: Autoren
S49, 1 und 2: Autoren
S50, 1: Autoren
S51, 1: Autoren
S51, 2a, b, c: www.audi.de (Zugriff: 19.11.2016)
S53, alle: Guido Schlaich, München
S54, 1: wireframe.cc (Zugriff: 02.12.2016)
S55,1 : styletil.es (Zugriff: 02.12.2016), Content:
Autoren
S58, 1: Foto: www.pexels.com (CC0-Lizenz)
S59, 2: Tierfotos: www.pexels.com, www.
pixabay.com (alle CC0-Lizenz)
S60, 1a und b: Autoren
S61, 1: Autoren
S62, 1: fonts.google.com (Zugriff: 25.11.2016)
S65, 1a, b: Autoren
S66, 1 a,b,c: Autoren
S68, 1a, b: Autoren
S70, 1: www.coca-cola.de (Zugriff: 04.12.2016)
S70, 2: www.gruene.de (Zugriff: 04.12.2016)

S70, 3: www.tagesschau.de (Zugriff: 04.12.2016)
S71, 1: www.nike.com/de (Zugriff: 20.11.2016)
S71, 1: www.apple.com/de (Zugriff: 20.11.2016)
S71, 1: www.mercedes-benz.de
(Zugriff: 20.11.2016)
S72, 1 : Autoren
S73, 1a, 2, 3: Autoren
S73, 1b: color.adobe.com/de (Zugriff:
25.11.2016)
S75, alle: www.pixabay.de und www.pexels.
com (CC0-Lizenz) (Zugriff: 28.11.2016)
S76, 1: www.pexels.com (Zugriff: 05.12.2016)
S76, 2: (Foto) www.pexels.com (Zugriff:
05.12.2016)
S80, 1: (Foto) www.pexels.com (Zugriff:
05.12.2016)
S81, 1: www.sitepackage.de (Zugriff:
17.08.2013)
S82, 1: Grafik: Autoren, Icons: http://www.
chip.de/downloads/Windows-7-Icon-
Pack_56078345.html (Zugriff: 02.10.2016)
S83, alle: de.wikipedia.org (Zugriff: 15.11.2016)

4.4 Index